ニューヨーク流
新しい生き方

Happiest Self
「好きな自分で生きる」

原田真裕美
Mayumi Harada

三笠書房

はじめに
「自分が好きな自分で生きる」が出発点
――自分の魂が本当に望む生き方が見えてくる！

「イッツ・アップ・トゥー・ユー、ニューヨーク、ニューヨーク！」

これは、『New York, New York』という、レディー・ガガもカバーした有名な曲の印象的な一節です。ブロードウェイ・ミュージカル大ヒット作『Hamilton』（ハミルトン）の生みの親、リン＝マニュエル・ミランダの最新作もこのタイトルで大成功しています。

サイキック・カウンセラーとして、歌手として、ニューヨークの街に長年住み続けている私ですが、「It's up to you.」本当にその通りだと思います。ニューヨークは

「自分しだい」で、街の様相や、この街が与えてくれるチャンスが一変するのです。

ニューヨークには世界各国から、あらゆる層の人が集まってきています。みなそれぞれの「自分が求める生き方」「最高の幸せ」を追求するために、ここに住み続けています。

保守的な地域だと、はみ出してしまうタイプの人たちでも、ここで「自分を生ききる」ことができる。そして、自由に自分を表現できる。

「誰かに求められる自分」になろうとするのではなくて、「自分が求める自分」になれる。

この街で称賛され、認められるのは、斬新な発想、思いきりリスクをとる勇気、そしてそれを実現させるスピードです。ニューヨークでは「WAIT（待つ）」の4文字は通用しないといわれます。

ニューヨークを一歩出ると、「無難」という壁があり、その中に収まるのが標準になりがちですが、ニューヨークでは、「無難」を超え、「難」を極めた何かに到達しないと、人が関心を持ってくれない。その分、他の土地で否定されたり、批判されたりしたことも、ここにはそれを肯定して、応援してくれる人たちがいる。

望んでいた道が閉ざされたら、新しい「自分の道」を切り開けばいい。道なき道も、自分が歩けば道になる。そう思わせてくれるのが、ニューヨークです。

みんな最高にハッピーな自分でいるために頑張っている。

「もっと自己最高に近づきたい！」って気持ちになる！

誰にでも、自分が、どこまで通用するか、試さないといけない時があるものです。

世の中の常識や自分の可能性の限界ギリギリにまで挑まないと、自分の思うようにできない時もあります。年齢制限の壁を超えるとか、性別の壁を超えるとか、学歴の壁を超えるのもそうです。

「え！　あんな方法で？」「そっか！　こうやってやるんだ」「ゲ！　そこまでやる？」みたいな人を、道を歩いているだけで目撃できる。そういうたまたま遭遇する人たちが、自分の思考の壁を破壊してくれるのがニューヨーク。

たとえば誰かに「絶対にダメ」といわれても、すぐに「全然、大丈夫」といってくれる人が必ず現われる、そんなことが日常の街です。だからチョット無理そうなことを頼んでも、ホイッとやってのけてくれる人が多い。

「あなたならできると思う」と頼んでみると、その人なりに工夫してやってくれる人がいる。「あなたにできるか?」と問われると、「できるに決まってる!」「やってやろう!」というスイッチが入るのです。自分なりの人生を切り開く方法を見つけるために、ニューヨークならではの苦労を、ちゃんと経験しているからでしょう。

私は渡米して37年、サイキック・カウンセラーとして数えきれないほど多くの人々の人生を観て、転機を予言し、助言してきましたが、本書では、私がカウンセラーとして、判断の良し悪しの決め手にしているポイントも書いていきます。

また、私がワザワザここニューヨークに住み続けたいと思ってしまう理由のひとつである「いくつになっても、もっと自己最高に近づきたい」とインスピレーションをくれるニューヨークならではの思考、そして、私がニューヨークにいるからこそあり得た出会いや出来事を通して感じたこと、私が深く感銘を受けた、著名人たちのさりげない言葉などをご紹介しながら、「本当の幸せ」をつかむヒントを述べていこうと思います。

人間的にも素晴らしい成功者の一言は、ちょっとしたものでもそのインパクトが本当にすごい！　さりげない一言がズギューンと魂に命中します。

それらをご紹介するにあたって、ご本人たちからのご承諾はいただいていませんが、本書でご紹介する人物は、私が実際に会ったことのある人たち、または、ご自身がユーチューブなどで発信されている人たちで、「我が道」を貫いて独自の道を確立された実例として書かせていただきます。

あんなふうに生きたいなと思わせてくれる「魂の親分たち」との出会いに感謝して、その尊い学びを読者と共有できることを願っています。

原田真裕美

Contents

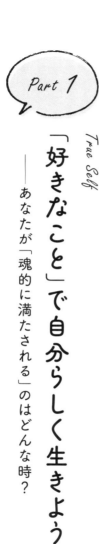

Part 2

Ultimate Happiness

「本当にやりたかったことをやる」が何より優先される時代へ

――なぜ「直感」が大切なのか

Part 3

Your Timing

成功する人は「運の流れ」に自分を合わせるのがうまい

――「幸運」をつかむ新しい時代の方法

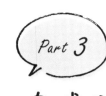

Part 4

Your Purpose

自分に向いていることは？ 今、優先するべきことは？

——「好き」を生きがいにするのに、他人の評価は必要ない

Part 5

New Way of Life

世界は今、「やり直し」の時期を迎えている
――人生は何度でもやり直せる

Part 6

Reinvent Yourself

ゼロから新しい可能性を生む法

――今の時代、誰でも世界で通用する人材になりやすくなった

Part 7

I ♡ New York

私の魂的ニューヨーク・ライフ

――いつも夢がいっぱいのハッピーな自分に

編集協力◎ランカクリエイティブパートナーズ株式会社

Part 1

True Self

「好きなこと」で自分らしく生きよう

――あなたが「魂的に満たされる」のはどんな時？

True Self

「自分にとっての最高」を日々更新する街、ニューヨーク

「新しい自分に移行する」それはサインです

自分の視界に入ってくる風景が、ある日、急に古ぼけて見えてくることがありませんか？

なんとなく「やりきった」感じがしたり、「同じところで止まっている気がする」「自分の人生、何か違う」……そんな感じがする時。それは、あるステージをクリアしてしまって、〝新しい自分〟に移行しようとしているからでしょう。

自分で選んだ人生を毎日丁寧に生きていても、何か物足りなく感じるのは、自分の目標をアップデートしないままでいるから。

自分ではそのつもりはなくても、いつの間にか、〝古い自分〟とか〝仮の姿の自

分〝になってしまう。そうすると、〝なんかピンとくる感覚〟が鈍くなってしまいます。

なんかピンとこない毎日で、このままでいいのかと不安ばかりになってしまう時というのは、「不本意ながら、自分が望んでいない環境に、仮の姿でいる」状況に陥ってしまっているからかもしれません。

そんな時は、あなたに接する人たちからも、あなたは理解されにくくなってしまいます。もしかしたら、「つまらなさそうな人」と思われているかもしれません。

「自分が誰か」を正しくアピールできないと自分に合う人を惹きつけられない

たとえば、恋愛したいけど出会いがない、という人の多くが、「仮の姿でいる」状況に陥っています。

「自分が誰か」を正しくアピールできていないから、自分に合った人を惹きつけることができない。共感し合える人たちに、それを認識してもらえない。

カップルというのは、共有できる「志」がないと、だんだん惹かれ合わなくなります。これは、恋人、夫婦、友達の間でも共通していえることです。自分が本当に求める志やアイデンティティーが定まらない時、まわりの人には、自分の性別、見た目、性格、職業くらいしか伝わりません。それだけで関心や、好意を持たれても、本当の自分をわかってもらえていないので、嬉しく思えないものなのです。そして、仮の自分でいる時は、本当に求めるパートナーにつながらないと思います。

職場と自宅の往復だけで、自分が好きな場所に足を運ぶこともない、自分が好きなタイプの人たちと交流することもなく、特にお気に入りでもない無難な服を着て、特に好きでもない仕事をしている人。そういう人が、この〝仮の姿〟に陥りやすいのです。

不本意にも、〝着ぐるみ〟を着ているのと同じ状態になってしまう。その中にいる「自分」が誰かわかってもらえない。ましてや、嫌な人に囲まれて、嫌な仕事をして、嫌な環境で我慢していると、完全に〝仮の姿〟で生きることになってしまいます。

そうすると、「誠実さが感じられなくて、大切にしているものがなくて、何をやってるのかわからない人」みたいに思われてしまうのです。

たとえば仕事を、お給料や福利厚生だけで選んだり、住む場所を職場に近いからとなんとなく決めてしまう。妥協していると自分がわからなくなり、まわりからも本当の自分をわかってもらえない状態に陥る危険性が出てきます。

本当にやりたいこと、本当に住みたい場所、本当の自分がわかっていて、それが自分と接する人たちにも伝わるような生き方が、「本当の幸せの軸」になっていくのだと思います。

ニューヨークでは「自分らしくいること」が一番評価される

たとえばあなたが、はじめてニューヨークにきたとしましょう。

どうしてこの街が世界で一番エキサイティングな街だといわれるのか、すぐにはわからないかもしれません。

あちこちでパトカーや消防車のサイレンが鳴り響いて、車や人の往来で騒々しく、決して綺麗とはいえない路地。物価は驚くほど高く、足早に歩く人たちはぶっきらぼうに見えるかもしれません。

でも、自分の目的や目標、自分が求める理想がはっきりわかっていれば、自分のツボにピッタリくる人や環境、物事が必ず見つかる街なのです。

最高と、最低のものが共存しながら、「なんでもありえる」「なにかしら方法が見つかる」。ニューヨークには、なんでもできそうな気持ちにさせてくれる、独特の解放感があります。

最高のものを求めれば、いくらでも最高なものが見つかる。最高を目指せば、同じように最高を目指して頑張っている人たちに出会える。自分の理想を共有できる人が見つかる。そして、ニューヨークでは、最高とは、日々更新されるものなのです。

キアヌ・リーブスのようなセレブ俳優が地下鉄に乗っていても、フツーに一般人扱いするニューヨーカーたち。「自分らしくいること」が、一番評価されるこの街で、

「自分にとっての最高」を見つけた人が、幸せに生きていけるのだと思います。

これはニューヨークだけじゃなくても、世界中のどこにいても、人が幸せに生きられる場所を選ぶのに一番のポイントだと思います。そんな街で暮らすニューヨーカーたちは、「不本意ながら、自分が望んでいない環境に、仮の姿でいる」という状況に陥るのを嫌います。「これは自分じゃない！」と感じるのが大嫌いなのです。

私（著者）も〝仮の姿〟でもがいていた

私はニューヨークで長年、サイキック・カウンセラーとして、人の幸せについて考えてきました。

人生最高の幸せは、何が自分の一番好きなことかがわかっていて、その好きなことをやって生きていけることだと思います。さらに好きな人に囲まれて、自分らしい好きな環境にいられるのが、完成度の高い幸せでしょう。

私自身は、自分をサイキック・カウンセラーだと名乗れるようになるまで、自分が何者なのかがよくわからず、〝仮の姿〟でいたと思います。

人生の基盤にしてきた歌も、自分が何を表現したいのかがわかるようになるまでは、歌い方が定まりませんでしたし、シンガーとしてのアイデンティティーも不確かでした。時には、「誠実さが感じられなくて、大切にしているものがなくて、何をやってるのかわからない人」という印象をまわりに発していたかもしれません。

これは、サイキック・カウンセラーがキャリアになると思っていなかったのと、商業的に成功していないと自分を「シンガー」だと呼べない、と思っていたからです。

でも、「誰かに認められる何かのため」と考えるのをやめて、「自分が求める何かのため」と考えるようになった時、全てが開けました。自分がやろうとしていることや、目指す目標と、それに一生を捧げる意味がやっとわかったのです。

今では、どんな時も、「自分がやっていることが、自分が好きなことで、それで自分の本質が活かされて、誠実な自分でいられる」というのをガイドラインにしています。

これが「自分の幸せの軸」からズレないために欠かせないことだと思います。

できるだけ「嫌な人とは付き合わない、誠実に向き合えないことはやらない」それで間違いないと思います。

「わかりやすい人」になったほうが人生得します

第一印象で、「よくわからない人」と思われるより、どんな人だか「わかりやすい人」のほうが、人生得するんじゃないかと私は思います。良いところも、悪いところも、そのまま出している人のほうが、安心して付き合える感じがしないでしょうか。

ニューヨークでは、「わかりやすい人」でないと、相手にされないし、「よくわからない人」みたいな印象の人は、信用してもらえなくて、避けられる感じがするのです。

人は第一印象で相手を「信頼できそうな人かどうか」瞬時に判断すると思うのですが、自分を正直に表現できていない人は信頼されません。何か嘘っぽい感じや、何か隠している感じは、まず最初に伝わってしまうものだと思います。

自分が自分じゃないような感覚になって混乱する。人はこのようなアイデンティティー・クライシスに陥ると、空回りした感じがしてしまいます。

結婚したばかりとか、親になったばかりで、急に自分の役割が変わったり、転職や部署異動で仕事の内容が変わるとか、仕事を急に辞めたり、好きでもない仕事を続けていたりする時にも起こります。

お金のためだけに、特に関心のない仕事をするとか、自分で選んだことでさえ、自分らしさが感じられなくなると、アイデンティティー・クライシスになるのです。学生でも、勉強していることが本当にやりたいこととズレていると、アイデンティティー・クライシスになります。

アイデンティティー・クライシスになると、何事にもなげやりな態度になってしまいがちです。自分がしたいことがわからない状態だと、関心のないことに、やる気が出ないのは自然ですよね。自分の目標が決まっていれば、今特に関心がないことでも、将来何か役に立つかもしれないという発想につなげていきやすいでしょう。

だから自分が〝仮の姿〟で生きていないか、チェックすることは大切です。

何をしていいかわからない人は、まずは着ている洋服や持ち物などで、自分の好みを表現するようにしてください。

服装の好みは、その時々に自分が身を置く環境に大きく影響されることが多いです。私も子供が就学年齢になった頃、まわりのキャリアウーマンのママたちに影響されてか、無地のキャリア調ブランドの服を着ていた時期がありました。でもある時、私はアーティストなんだと再認識して、それからはカラフルなボヘミアン調のブランドの服を着るのを楽しんでいます。

好みやアイデンティティーは変遷《へんせん》することもありますが、その時々の自分らしさに自信が持てることは、揺るぎない幸せの土台づくりに欠かせないものです。

お金は関係ない！「魂的に満たされること」が本当の幸せ

私はこれまで、著書の中で、「魂的な価値」を優先して生きることの大切さや、夢を追って「魂を磨いて生きること」が純度の高い幸せだということを、書き続けてきました。

魂的な価値のあるものとは、「お金に関係なく、自分の魂を満たすためにやりたいこと」です。魂的な志を高く持って生きないと、幸せは続かない。そのためには、自分の好きなことに情熱を注いで取り組む必要があります。

しかし「魂的な生き方」というものが実際に人々の生活に浸透しているかというと、そうではないのかなと思うところがあります。

魂に蓋《ふた》をして、自分らしい生き方ができなくて病んでいく人が多いように思えるのです。

自分の好きなことだけやって生きていけるのか？
仕事は？　結婚は？　家庭は？　子供は？……
まずは安定した生活を確保しなければ、魂を満たす生き方なんてできないと考える人も多いようです。

ところが安定ばかりを追っていると、自分の求める道とは真逆の方向に進んでしまい、自分の好きなことができる人生とは全く違う方向に、自分を導いてしまうことがあります。

「自分が好きなこと」をやっていないと、魂は蓋をされています。嫌なことを我慢するために魂に蓋をして、好きでもないことを一生懸命にやろうとしても、気持ちが入らないでしょう。そうしているうちに、魂はすり減ってしまうのです。

そこで、その好きでもない、嫌な仕事をしているという理由に、「好きなことをやるため」というのがあって、それが確実に魂を満たすのであれば、魂的価値とサバイバル的価値のバランスが取れるようになります。サバイバル的価値とは、「お金のため、生き残るためにやること」です。

「好きなこと、やりたいこと」で生活していく生涯プロジェクト

「とりあえず生きていけるようになる」というのと、「好きなことをやって生きていけるようになる」のでは、生きる道が大きく変わってきます。

経済的に安定することを優先して、「とりあえず何でもいいからやれる仕事をする」という状況はありがちです。しかし、それだけでは、そのうち「何か物足りない」と感じるようになって、「いつまでこの仕事を続けるのかな？」と思うようになるのです。ですから、「生きるためにやること」と「自分が好きでやりたいこと」を並行して行なうことが大切です。

一方で、好きなことで生計を立てている人には、「これでやっていく」という迷いのない強さがあります。

「やっていけるのかな」と考えてはいけないのです。好きなことに自分を捧げるリスクを怖がっていては、自分の好きなことで夢を達成することはできません。

新型コロナのパンデミックで打撃を受けた業界はたくさんありますが、それでも自分の仕事を愛している人たちは、辛抱強くサバイバルし、パンデミック中にも新しいビジネスで大ブレイクした起業家やアーティストがたくさんいます。

自分が好きなこと、好きな場所、好きな土地、好きな食べ物、好きな人、好きな音楽、好きな趣味、好きな活動。これを一生やって生きていけたら幸せだろうなと思うことに取り組むのは、本来の自分の良さを磨いて、それを発揮するための生涯のプロジェクトです。

「絵を描くのが好きだけど、それで食べていけると思えない」という発想は、「それで食べていけない」というところがダメなのです。最初から好きなことで食べていこうとしちゃいけないのです。「好きだから何とかしてやっていく」と思わないといけない。その緊張感が成功につながる勢いになっていくのです。

そして、自分が納得するものができたら、今の時代、SNSを使って世界中に拡散できますから、とりあえずオンラインでマーケティングするのは絶対やったほうがいいことです。お客さんは最初のひとりが一番大切で、本当に気に入ってもらえたら、必ず拡散してもらえます。とりあえずの結果がどうであれ、自分を信じて好きなことをやったという実績が残ることに意味があるのです。試行錯誤を積み重ねないと、いきなり本当に求める結果は出せなくても当然でしょう。

好きなことがやれなかったら、いくら儲かっていても、「とりあえず生きている」ことになってしまいます。

とにかく少しでもいいから、好きなことができる時間を持つのは、自分の魂にとって大切なことで、これが自分は誰かというアイデンティティーになり、「好きなことをやって生きている」という手応えになっていきます。

好きで、信じて、続けて、生き残り続けることが成功です

オーディオ・オタクの友人宅で、ジャズ・ピアニストのアーマッド・ジャマル氏のレコードを鑑賞していた時のこと。そのレコードが録音された当時、彼はすでに90歳になろうとしていたことに気がつきました。自分の一生をピアノに捧げて、90歳でもこんなに力強い演奏ができるなんて。

90歳まで生きるだけでも、すごいことなのですが、情熱は年齢には関係なく維持できるものだと思うのです。

その一方で、好きでやりたいことはあっても、自分には才能がないとかいって、20

代、30代であきらめてしまう人がどれだけ多いことでしょう。50歳で何かをはじめても、90歳まで40年もあるのです。

46歳で渡米して語学学校に通い、その後大学教授になった日本人女性にもお会いしました。彼女は戦時中、思う存分教育を受けられなかったことが無念で、母親になってからご家族で渡米しました。勉強を重ね、ニューヨーク市立大学に日本語・日本文化科を創設し、日本研究での学士号の取得を可能にしました。

私が高校生だった頃から音楽を続けているミュージシャンの友人たちも、まだまだこれから熟していくのだと思います。ワインのように、年季が入らないと生まれない味。これは最高の価値です。極上を求めて惜しみなく必要な時間がかけられること。好きで、信じて、続けて、生き残ることが、「本当の意味での成功」なのだと思えます。

ここでひとつ注意しておきたいのは、「好きなことで稼げるのが成功だ」といいたいわけではないということです。

自分の才能や能力を伸ばすという意味での成功は、自分にしかわからない部分があって、そこに一番の価値があるのだと思います。

時には商業的な成功が、その人の能力の限界をつくってしまうこともあります。

ニューヨークにいると、有名でなくても、すごい演奏をするミュージシャンがたくさんいます。

有名でもなんでもない演奏家が突然出てきて、絶対真似できないであろうすごい演奏をするのに出逢うたび、「うわー、こんなことコツコツやってきた人がいるんだ！」と感動します。

純粋なゆえに有名にならない、商売優先のシステムの中に入っていかない英雄たちです。

すんなり成功できなくても、好きなことを続ける体力や気力を維持できたほうが、好きなことで幸せになれる可能性が高いと思います。好きな道で仕事ができても、本当にやりたいことができるとは限らないのです。

挑戦と挫折の繰り返しの中で〝感動の種〟が発芽する

あらゆる幸運と奇跡と人との縁に恵まれて、自分の才能を最高に発揮できた成功者がこの世の中に1％いるとして、残りの99％の人が〝商業的に〟成功しないのは、才能や能力が足りないからだ。そんなふうにネガティブに考えてはいけません。

自分の好きなことに時間をじっくりかけて取り組み、才能と能力を磨ける幸せを感じながら、自分が納得できるクオリティの高いものを生み出す可能性に恵まれている。それはあっさり成功した人には体験できないこと。そう考えるのがいいでしょう。

たとえば、爆発的に流行するパンやデザートのトレンドがありますが、ただ「無難にいいもの」をつくっていては、大ヒットはしないでしょう。

この「無難の壁」を突破するには、何度もあきらめそうになっては、復活することを繰り返す必要があるはずです。難を極める。その過程で、自分の魂が感動しないと、続けていけなくなりますし、奇跡がもたらす〝感動の種〟は、挑戦と挫折の繰り返しの中に発芽し、自分がつくり出すものに宿っていくのでしょう。

ですから、自分が感動できる「いいもの」をつくることを目指せばいいのです。感動するところまで到達できれば、後悔しないはずです。

今まで見たこともないような、見事な花を咲かせるために、まずは自分が球根になるイメージで、何よりも自分が納得できるクオリティーに近づくために、あきらめないで真面目に取り組んでいれば、いつか「才能と能力と幸運」がパチン！と合って、商業的に当たって成功するかもしれません。

一方で、自分の好きな道で成功した人たちは、成功し続けないとキャリアが終わってしまいます。さらなる成功を期待され、失敗できないプレッシャーに、もがき苦しみながら頑張っている人が多いのが実のところだと思います。

商業的に成功することにとらわれるより、日々の細やかな変化を楽しんだり、小さな幸せに感謝する生活を楽しみながら好きなことを磨いていられたら、人は基本的に幸せなのだと思います。

あなたは、揺るぎない魂の幸せの土台を築けているでしょうか。

今すでに、好きなことに真面目に取り組めている人は、究極の幸せを感じる人生を歩むうえで、まずは成功していると思ってください。

この世に戻ってきた魂の意思がある

「自分はただ普通に暮らしているだけの人生で、何のために生まれてきたかわからない」という人が、たくさんいます。

でもサイキック的な観点から観ると、そういう人の多くに、前世で不意に早死にしたと思われる魂の人が多いのです。

一番多いのは、若くして戦争で亡くなった魂。そして、人生を楽しむ前に亡くなった魂。そんな前世があった人にとって、今世で一番大切な目的は、「普通に幸せに暮らすこと」なのです。これがないと、他に何があっても幸せになれないのです。

また今世の生い立ちで、幸せな家庭に恵まれなかった人は、自分自身が幸せな家庭を築くことが、それを浄化する一番の方法だと思います。

私自身も、「ごく普通の生活を丁寧に生きて、幸せな家庭生活を営む」ということが、前世でも今世でも欠けていたから、「とにかく自分で幸せな家族を持たなきゃ」と焦るような気持ちになったのだと思います。

事実、私が心の底から笑えるようになったのは、子供を生んでからです。

本当の幸せを感じるようになれたのは、幸せな家庭を持てたからで、自分の芯の部分にあった氷が溶けたような感じがします。父を幼少期に亡くし、あまりにも未来が心配で不安だったから、それを予知するサイキックになってしまったのですから。

自分の子供たちも好きなことに取り組んで、自分に正直な、いい人に育ってくれたら、それでいい。無理を重ねたりして嫌な人にはなってもらいたくないと思っています。自分の人生の負のパターンを断ち切って変えてしまう。それだけで人生の偉業を果たしているのです。

「自分は普通に暮らしてるだけで何もしてない。何でだろう？　成功したいとかいう野望もない」という人は、それでいいと思います。

金持ち、成功、高級車、ナントカみたいな雑音は遮断して、それは他の人の目的だと思ってください。自分は何もできていない、自分の人生はつまらないなんて思わないでください。

自分に正直に生きて、ささやかな幸せを思いっきり楽しめればいいのです。これも魂を満たす生き方のひとつです。

これは気休めではありません。きらびやかな生活をしている人たちの中には、実は巨額の負債を抱えているという人も多いのですから。実は財産マイナスの人も多いのです。「借金も財産のうち」と考えられる人もいれば、そうでない人もいます。

他の人の価値基準に振り回されずに、自分らしい生き方を追求することは、魂的な贅沢です。そして好きなことに没頭できるのも贅沢。ささやかな幸せを味わう心の余裕のある人生は、贅沢な人生だと思います。

Part 2

Ultimate Happiness

「本当にやりたかったことをやる」が何より優先される時代へ

——なぜ「直感」が大切なのか

「誰かみたいになる」より「自分が好きな自分になる」！

誰もが「いつも恋している状態」で生きられる

「好きなことを、ちゃんと真面目にやっていれば、人生なんとかなる」そう信じて最初の一歩を踏み出すと、魂に導かれて、自分が求める「正しい幸せ」へと向かって進んでいける。

これは絶対といってもいいでしょう。

好きなことをしている時にインスピレーションが湧いて、よりクリエイティブになれるからです。

そして、「自分が好きなこと」に導かれる生き方には、迷いはありません。好きでやっているのですから。

好きでもないことを毎日やっていると、「あまり美味しくないもの」を食べ続ける人生みたいになってしまいます。

食べるものに無頓着な人でも、「何かすごく美味しいものが食べたい」と、たまに思うでしょう。その美味しいものが高級なキャビアなのか、大切な人がつくってくれたスープなのか、人それぞれだと思うのですが、人生の美味しさは、魂が満たされないと味わえないのだと思います。

〝人生の美味しさ〟を知っている人と、そうでない人では、魅力の発し方が違ってきます。本当の意味で「魅力的な人」というのは、人生の素晴らしさを知っている人なのです。

「自分が好きなこと」に導かれる生き方は、いつも恋をしているようなものです。

「こんな好きなことばっかりしてていいのかな?」と思える人生が最高なのです。

「自分の好きなこと」を磨く生き方が人をもっと魅力的にする

誰にでも得意なことや、好きなことがあるでしょう。「私は本当に何もできないんです」という人がいますが、特に得意と思えることがなくても、「これはいくらやっても苦にならない」ということがあるはずです。

あなたの中で、「心がキラリと輝くような感じがすること」って、何でしょう？

よくわからないという人は、次のようなトキメキのパズルをやってみてください。

「魂、直感、〇〇」

この〇〇に入れるとしたら何ですか？

何をやれば、〝直感〟が冴えそうな感じがしますか？

「魂、直感、英語」「魂、直感、パソコン」「魂、直感、ゲーム」「魂、直感、動画編集」「魂、直感、教育」「魂、直感、ゴルフ」「魂、直感、料理」「魂、直感、ウエルネス」「魂、直感、人の役に立つこと」……など、何でもいいです。

「魂を磨き、直感を磨き、自分の好きなことを磨く」と考えてみてください。

それでボンヤリとでもいいから、観えてきたこと、感じられたこと、興味が湧いたことを、すぐにやってみてください。

自分の好きなことはわかるけれど、魂や直感を磨くというのはわからない、という人もいるでしょう。なぜ魂や直感が必要なのか。

これは、「今現在はあり得ないと思うような可能性をつかもうとする時」に必要なのです。

「直感でしか出せない答え」がある

サイキック・カウンセリング中にも、自分の道を切り開くにあたって「どうして直感がいるのか?」と聞かれることが多いです。

いい大学に入って、大企業に就職してという、既存のシステムに沿って、組織の中でキャリアを積んでいこうとしている人から、特にそう聞かれることが多いです。

確かに、これだけ情報の多い時代、直感なんかを使うより、ネットで検索すれば解決できることがイッパイあります。目を閉じて、耳をすまして、感覚だけで横断歩道を渡ろうとするより、目をしっかり開けて、青信号の時に道を渡るほうが確実なように。

キャリアを積むにあたって、博士号を取ったり、資格を取ったり、昇格試験に受かるなど、既成の道を進むしかない場合、直感なんかより、やるべき勉強をきっちり進めていくしかない。とにかく学歴を積むしかない。そんなふうに考えるのは当然のことと思います。

でもそんな道を進む場合でも、「直感でしか出せない答え」があります。たとえば、組織の中で自分が望む通りに才能を発揮できずに行き詰まった時、直感でしか出口が見つけられなくなるのです。

組織内の道は一見すると1本道であることが多く、そこを通れないと次に行けないように感じてしまいます。でも実際のところ、道はひとつではなく、いくらでも切り開いていけるのです。そのきっかけを見つけるのには、直感しか方法がないことがあるのです。

この「直感」は、普段使い慣れていないと、的確に理解できません。必ず「憶測」と混ざってしまいます。憶測は意識しているか否かにかかわらず、あらゆる記憶からくるもので、自分の「期待」や「経験」が混ざっているので、直感とは違います。

予想できない事態に遭遇した時、あなたはちゃんと直感が使えるでしょうか。

自分の「直感」を正しく使うコツ

もうすでに成功を手に入れた人でも「もっと幸せになりたい」「もっと上を目指したい」と思うものです。今の自分が到達できる幸せに行き着いた時、さらに上を目指したくなる。そんな時にも直感が必要です。

どれだけ情報を集めて、人脈をつつき回しても、何も突破口が出てこない。もう何も方法がないという結論になった時に、肉眼では確認できない可能性を探り当てられるのが「直感」です。

そして、この直感を正しく使うには、「魂を磨き、直感を磨き、自分の好きなことを磨く」というのを、習慣的に積み重ねていることが大切なのです。

今いる職場で上に行きたくても、もうそれ以上行けないとか、社内で異動する先がなければ、現状を維持しながら、何か新しいチャンスにつなげていけるように、「自分が好きなこと」でスキルを磨きましょう。自分の希望通りの進学ができない時、自分の好きなことを手がかりに他の道を探しましょう。

その時に、自分の魂と直感が磨かれていないと、欲や不安にかられて、安定してそうなほうに引き寄せられてしまい、自分がやりたいこととは全く違う道を選んでしまうことになりやすいのです。

ちなみに、次のステップに行きたいと思ったら、「自分には無理」とか「自分は欲張りだ」なんて思わないで、チャレンジして正解だと思います。次のステップで思うように行かなくても、またその次のステップがあります。万事において段階を経て成果が出るものなので、最低でも3段階くらいステップを踏まないといけないくらいに考えておいてください。

人生のステージは、入り口よりも出口に意味があります。進み続けるほど、自分の予想を超える人生のマップが出来上がっていきます。ただ、タイミングだけは見計らってください。

「マジやばい!」を〝飛躍のエネルギー〟に変換する

地震などの自然災害や、会社の倒産など、破壊的な物事が降りかかるのを予感する時の「ピリピリ」した感じ、あなたにもわかるでしょうか?

「なんとなく、このままじゃダメになるんじゃないかと思う」みたいな漠然とした不安から、「マジやばい!」と本当に勝負しなきゃいけない時の警報のようなものまで、いろいろあります。

私がサイキックの能力を、特技とか技術といえるレベルにまで磨くことができたのは、実はこの「ピリピリ」感のおかげです。他にも「ギリギリ、めいっぱい」な感じや、「どうしよう、どうしよう」と自分の中で繰り返す感じなど、誰にでも「ここで何か手を打たないと大失敗する兆候を感じる」という能力があると思います。

私は、生きているのが当たり前だと思っていた父が突然亡くなり、「人生いつ何が起こるかわからない」という危機感に襲われたまま大人になりました。「この先、私はどうなっちゃうんだろう」という気持ちがずっと消えることなく、未来が心配でしょうがなかった結果、いつの間にか「観える」ようになったのです。

ニューヨークにきて、それがさらに強くなりました。

当時のニューヨークは治安が悪く、自分には何のアテもない。お金もないし、自分に何ができるかもわからない。そして日本の社会で生きていくことを放棄したも同然の状態の自分に、未来を保証するものは何もなく、何を目標に生きていくか、毎日考えなければいけませんでした。

「とりあえず、英語が話せるようになって帰ろう」それがまず何かできることのひとつでした。そして、「歌の勉強をしよう」これが2つ目にできることでした。そこから、直感を張り巡らして、この2つの目的に向かって行動したのです。

英語と歌、これらが全て好きなものだったので、楽しく学ぶことができました。

渡米して最初の6カ月で英語で夢を見るようになり、英語への壁みたいなものが取れました。その後4年間は、ほとんど日本語を話さず読まずで過ごし、思考を英語に切り替えました。

自分の好きなことを夢中で学んでいるうちに、それが生き方になって、チャンスを受け入れる土台になっていったのです。

直感は不安定な時に磨かれる

渡米して37年、私はニューヨークの変遷を目の当たりにしてきたので、今ではこの街の隅から隅まで、どのあたりが治安が悪いかなど、感覚的にわかります。

しかし、ここにきた当時は、右も左もわからなくて、頭の先から爪先まで、「ビーン！」とアンテナを張り24時間体制で張り詰めていました。最初の15年くらいは、そんな感じだったかもしれません。

そういった経験が直感を磨いたのだと思います。

人は人生が安定している時は、「この先どうなるんだろう?」と不安にはなりません。直感なんか使わずに、「今を楽しむ」ことに専念できると思うのです。そしてそれは、とても幸せな生き方です。

でも先の見えない未来に向かって道を切り開かなければならない時は、「ピリピリ」とした感じを手がかりに、成功への道を探っていけるのです。

ですから、自分の中の緊張感や不安から逃げずに、向き合って、その張り詰めた感覚を、未来を見極めるのに活用してください。

迷った時はとにかく「好きなことをやる」

人には必ず好みがありますから、それを熟知してください。それがあなたの道しるべとなります。

自分は何が好きなのか。どういうタイプの人が好きで、どういうルックスの人に惹かれるのか。どんなファッションが好きで、どんな音楽が好きで、どんな食べ物が好きで、どんな場所が好きなのか……。

自分の好みの問題なのに、意外と「何でもいい」ということにしている人も多いのです。

もちろん「好み」は自分の成長と共に変わっていくものです。それはそれでいいのです。進むべき方向に迷った時は、自分が好きかどうかで決めるのが一番シンプルです。「その時好きだったから」で構わないのです。

好きで選んだことが思い通りの結果につながらなかったとしても、その時それが好きだった理由の中に、本当に求めている結果につながる鍵があるはずです。迷った時は、「好きなことをやる」という結果の出し方をすればいいのです。すると、情熱という活力が出てきます。これが成功のもとです。

自分が好きになる人は、自分が求める何かを持っている人です

人が誰かを好きになる理由は、その相手が自分が求める何かを持っているからなのです。

自分がやりたいことをやっているとか、実際に自分が欲しいものを持っているとか、なりたい自分そのままだとか。自分が苦手なことを相手は得意だとか、自分は自由に発言できないのに、相手は好き勝手にものを言える人だったり。そんなふうに、自分が好きになる相手は、今の自分が何を求めているかを表わします。

ちなみにアメリカでは、「DoorDash」（ドアダッシュ）というフード・デリバリーについてくるデート・アプリを使って、食べ物の好みでマッチングするのが流行っているみたいです。これはいいアイデアだと思います。食の好みが合っていることは、大切だと思います。

だからといって、付き合ってうまくいくか、お友だちになれるかはわかりません。

でもとりあえずは、自分が好きになる人たちが、今、自分がやるべきことを示してくれているはずです。

だから好きな人と交流したり、好きなことをやることが、自分の軸からブレずに、自分が求める最高の自分でいられる手がかりになります。

「好かれるため」でなく「自分が好きでいられる自分」で生きる

アメリカにきて、「美」に対する考えが日本と大きく違うことに驚きました。

アメリカでは、誰かに好きになってもらうためではなく、自分を愛するために、自分がいいと思うルックスをつくっていく人たちの層がとても厚いのです。

誰になんといわれようと関係なく、やり過ぎだろうが何だろうが、とことん自分のスタイルを追求するエッジーなところを支持する層も広がっています。

日本や韓国のアイドル育成の過程を見ると「大衆に愛されそうな理想を集めて完成

されたキャラをつくっていく」という発想が強く見られ、ビジュアル面や言動など、アイドルの条件や求められるスタイルが厳密に決まっています。

けれど、アメリカの映画やテレビ、ブロードウェイ・ショーのキャスティングは、一昔前の、画一的なダンサー体型や、ハリウッド系美形俳優の集まりではなくなりました。体型も人種も多様で、細い人からカーヴィー、プラス・サイズな人まで色々。身長制限が厳しいことで有名なラジオ・シティー・ロケッツが踊る、恒例のクリスマス・スペクタキュラーでも、これまでの要件より1インチ低いダンサーが採用されることになりました。

また、痩《や》せていればいいのではなく、個性が求められる。ファン達が自分自身の個性を反映できるような、様々なキャラクターが求められているようです。

タレントの渡辺直美さんや、歌手のリゾさんのように、カーヴィーであることが自分の魅力で自信だという発言も、「こうじゃなきゃダメ」「痩せてなきゃダメ」という定番のルッキズムの基準を覆《くつがえ》しました。

私は人の魅力は生き方に現われると思うのです。一瞬で自分の生き方が伝わる見た目。自分の好みが表われているのが一番いい。

髪が長い男性は、アメリカ郊外だと意外にも「女みたい」とジャッジ（批判）されるのですが、ニューヨークだと、どんな格好をしていても、誰も驚いたりしません。女装をしても、どんな格好をしていても、その人が好きならいいじゃん、という結論です。自分が関心ないことは、完全スルー。

「人に好かれなくても、支持されなくても、自分がこれがいいと思う格好をする」というのは、保守的な環境では勇気がいることです。

でも繰り返しいいますが、「人に好かれるために生きるのではなくて、自分を好きでいられるように生きる」。これは実はとても大切なことなのです。

成功とは、「好きな自分でいられて、自分が好きな場所で、好きな人たちと、好きな暮らしができること」。

高級な暮らしでなくても全く構わないです。「魂的価値」を最優先して生きることで得られる成功は、お金にかえられないですし、高ければいいというものではないのです。「誰かみたいになる」と思うより、「好きな自分になる」という思いを優先することに時代は移行していると思います。

人を惹きつけるのは、自分に正直に生きている人

自分のことを、人がどんなふうに覚えていてくれるか。

これこそが人生の尊い財産なのだと思います。自分を愛してくれる人がいただろうか。人の役に立てただろうか。これが人生の終わりに考えること。だから毎日コツコツ、人として恥じない生き方を積み重ねるべき。

私がこれまで35年以上、いろんな人の人生をサイキック・リーディングしてきて思うことです。

どう生きれば人は一番納得がいくのかを追求して生きた結果、「あの人の生き方、素敵だな」そう思われること。

これは人にいいところを見せようとして頑張った結果ではなく、世間体でどう思わ

れていたかではなく、社会的地位でもない、自分が信じる生き方を貫いた結果です。

情報過多で、無法なことが横行しているこんな時代だからこそ、自分の魂の声にしたがって真っ直ぐに生きている人が、やっぱり一番カッコイイと思います。

「大変なのに、こんなに真面目にやってるなんて！」と思わせてくれる人に接すると、魂が洗われるような感じがします。

「仕事が好き」「仕事に感謝している」「仕事以外にも情熱を持ってやっていることがある」みたいに、「愛するもの」「好きなもの」から発するキラッと輝くエネルギーが、人を素敵に輝かせるのだと思います。

そうやって内側から輝く人は、人の目を惹きつけます。自分に正直に好きなことをやっている人が、一番輝くのです。

安定した収入があるけど、めちゃくちゃ忙しくて、仕事のストレスがいっぱいで自分にも他の人にも優しくなれない状態の人と、お金はなさそうだけど自分の好きなことを一生懸命やってて、自分にも他の人にも優しい人のどっちをパートナーに選ぶか、で悩む人は多いです。魂優先か、サバイバル優先かの自問になります。

私は、「いい思い出を一緒につくっていける人」が一番だと思います。

友だちにしても、仕事仲間にしても、いい思い出をつくれそうな人を選ぶのがいいですし、自分自身も、「この人といると、楽しい思い出いっぱいできそう！」と思ってもらえるような生き方をしたいです。

「未来」より「今」を見極めることが大切な時代に突入

運が悪い時は今のことだけを考え、運がいい時に未来を考える。つまり、状況が悪い時は今どうするかだけを考えて、状況がいい時は今を楽しみながら、その先の可能性にアンテナを張り巡らせる。

これは当たり前のようですが、これが逆になってしまうことがあります。

今現在の状況が悪い時には、先のことを考えて焦る。そんな経験があなたにもありませんか？

状況が悪い時は、まずは状況が悪くなった原因を止めないといけません。

それまでの方法や考え方では上手くいかなくなったのですから、それを変える時がきたということです。お金の問題が発生した時は、出費を止める。仕事が見つからない時は、業界にこだわるのを止める。

一時的でいいので、問題の原因を止めてみると、サラリと解決したりします。

そして、もっと可能性が広がる方向に進んでいくために、どう方向転換できるか、自分で考えられる範囲の可能性だけではなく、直感も使って、「これまでやってこなかったこと」について、考えてください。


何をやってこなかったでしょう?

何が抜けていたでしょう?

あえてやってこなかったことで、今必要なことはありますか?

たとえば、終身雇用があてにできなくなった今、転職も当たり前になり、仕事は〝一時的な過程〟とか、新しいチャンスに出会う場や自分の可能性を見出すきっかけと考え、転職しながら常にステップアップしていく人のほうが評価されるようになりました。同じ仕事を続けていては業界のトレンドを先取りできないとか、能力を伸ばせない職場にずっといたら、自分の可能性が終わってしまいそうで怖いと思う人が増えています。

物事が上手くいっている時は、先の見通しが良くなるので、次の可能性を考えるチャンスです。運がいい時にしか発生しないチャンスというのがありますから、これをつないでいくのです。

私がサイキック・リーディングをする時は、こういったことを探って、浮かんでくるイメージを言葉で表現します。

「ピン」とくるか、「ハズレ」な感じがするか

今の時代は情報過多で、フェイク情報が氾濫《はんらん》していますから、先がどうなるか考えるよりも、今目の前に飛び込んできた情報を信じていいのか、それが真実かどうかを、

いつも一瞬で判断しなければいけない世の中になってしまいました。

たとえば、オンラインで買い物する時も、アプリで人と出会う時も、仕事を探す時も、嘘の広告、ロマンス詐欺、求人詐欺が蔓延しています。

真実を見極めて、誠実な人とだけつながっていくことが、自分の運を守ってくれます。そのためにも直感を使うべきだと思います。

最初から「ピン」とくるか、「ハズレ」な感じがするか。明るく見えるか、暗く見えるか。嘘や偽物を見極める直感を磨くためには、日々の暮らしの中で、誠実な人や本物だけを厳選していくのが効果的です。

というのは、私たちは人に影響されやすい生き物なので、不誠実な人といると、直感が邪魔されやすいのです。

パッと思い浮かんだことが、後で実際に起こるという経験を積み重ねてください。

直感で選んだお店が良かったとか、直感で行ってみた場所が良かったとか、そういうのも直感を磨く練習になります。

「こんな嘘みたいな話あるの？」と思うことは100％嘘でしょう。変な違和感がしたり、何かザワザワしたり。嘘のような本当の話は、関わらないほうがいいのです。

でも、疲れている時や、焦っている時は、ボット広告だとか、ボットのフレンズ申請を、指が勝手にポチってしまったりすることがありえます。

「お金がない！」と悩んでいる時に、「誰でも稼げる」という広告が飛び込んできたら、考える前に飛びついてしまいそうになるかも。ものすごく喉が渇いている時に、水を差し出されたら、疑わずに飲んでしまうように。

ロマンス詐欺っぽいと感じても、プロフィール写真が好みの顔だからというだけで、チャットしてしまう人が結構いるのです。そして遊び心でチャットしているうちに、架空の相手を好きになってしまい、結局は「お金貸して」と言われる。

私も息子のスニーカーが小さくなってきたから、早く新しいのを買わなきゃ、と思っていた時に、フェイスブックにスニーカーの広告が飛び込んできて、これでいいやと購入したら、まんまと詐欺でした。

最初から、「おかしいなコレ。詐欺かな？」と感じたのですが、疲れていたのと、焦っていたので、つい購入してしまったのです。サイキック・カウンセラーの私でも、疲れていると、そういうことがあります。ですから疲れている時は、買い物しないことにしています。

人間は「予知できる」生き物です

私の息子がブロードウェイの子役のオーディションに受かった時、面白いことに、同じように受かった子役たちは、オーディション前に「自分はこの役をやる」と親に断言した子が多かったのです。合格率1%という激戦のオーディションに受かると言いきって、実際に受かったのですから、よほどの直感があったのでしょう。幼い子供は直感を疑わないので、ストレートに予感的中しやすいのです。

「こうなったらいいな」と思ったことが実現したという人は多いです。それが最高だと思います。

自分で「こうなるかも」と思ったことは、当たることが多いですから、もしそれが望ましくないものであれば、そのストーリーを変えるようにすぐさま行動してください。

たとえば、「このままだったら病気になる」と思ったら、そうならないようにすぐさま生活を改善しましょう。

人間は予知できる生き物です。このままだったらヤバイ、と感じるのは本当にヤバイのです。自分の予知能力という宝物を大切に使ってください。

才能があっても使わなければ伸ばせない

私の夫は、ニューヨークを拠点に世界中で活動してきたプロのギタリストです。

ある時、「音楽の才能って、どれくらい伸ばせるものだと思う?」と質問してみたところ、「その人が必要なだけ伸ばせると思う」と答えました。

なるほど。本当にそうだと思います。音楽だけでなく、語学も技術も、直感も、確かに「必要な分だけ」使えるようになるのだと思います。

才能があっても使わなければ伸ばせない。そしてそんなに才能があるわけでなくても、運よく相性の良い仕事に出合えて、仕事を通して才能を磨いていける人もいます。才能は自分が必要なだけ伸びるものなのです。

才能だけでなく運も同様に、必要なものにだけ乗れるのでしょう。自分が必要だと思っていない運に恵まれても、それを逃してしまう可能性が高いです。逆に、自分に必要な運は何なのかをイメージして狙って待たないといけないのでしょう。

お金も、必要以上のお金を持つと、無駄なものに使ってしまう傾向が強いですよね。自分のところに入ってきたお金は、必ず他の人のところに流れていくわけですから、どうせなら、いい人に流れていくようにするのがいいと私は思います。そして使ったお金が、自分の将来に役立つ技術や知識やチャンスになって戻ってくるようにすれば、またさらにお金を生んでくれます。

力が足らないとか、お金が足らないと思う時に、今の自分の力でできること、お金がなくてもできることを最大限に活用しようと考えると、力を貸してもらえるリソースや、お金がなくてもアクセスできるリソースを見つけることができるはずです。

自分に必要なことを、その時点で必要な分だけ学ぶということを繰り返して、どんどん成長していけるのでしょう。

「どれくらいうまくいっているか」を数字でなく〝感じる〟こと

今の時代、数字で価値を判断したり、数字で測れるデータに依存したりするのが主流ですが、それが〝魂的〟に満たされている度合いを表わしているわけではありません。

フォロワーの数が多くても、本当に愛されているか、尊敬されているかはわかりませんし、大金持ちの人が本当の幸せを感じているかどうかは、資産の数字では測れないのです。

数字は数字でしかありません。ビジネスでは役立ちますが、個人の幸せの大きさや、ましてや魂の幸せの純度を表わすものではありません。

特に心配することがなく、健康で、希望や夢がある。まわりの人もいい人ばかりで、毎日気持ち良く過ごすことができる。そんなふうに、快調に生活できているなら、かなり「人生うまくいっている」ということ。それに感謝して、楽しめるのが、最高の幸せだと思います。

仕事など、数字でしか評価されないことに関しては、その仕事をやった意味はあったのかとか、その仕事を通して有意義な出会いはあったかとか、そういう魂的な部分で、「うまくいったかどうか」を感じるといいと思います。

お金にならない仕事でも、苦労してやったおかげで、有意義な人脈ができることは多いのです。どの仕事も、きっかけや経験が残ると、数字では測れない財産を得たということになります。

人は、自分の思うように物事が運んでも「こんなもんか」と満足しないところがあります。全てうまくいってるのに、満足度は全然上がらなかったりするのです。「これまでに、うまくいった」ことより、「これから、うまくやろう」とすることのほうが、ワクワクするというのもあるからなのでしょう。

だから、どんな失敗をしても、何かがダメになっても、次でうまくやればいいのです。次が見えない時も、時間の流れに乗って、次がやってくるものなのです。次が良ければ全て良し。

「うまくいっているか」ことあるごとにしっかり感じて、次のステップもうまくいくように、自分の生き方の軸からズレないようにしましょう。

「本物の域」と「ちょっと足りてないもの」の差を感じる

ニューヨークには、本物の域に達する〝最高のもの〟がどの分野でも集まってきていて、それを誰でも身近に体感することができます。

美術館に行ったら、ピカソやゴッホの絵画をガラスのケースなしで、キャンバスに顔を近づけて、ゆっくり鑑賞することができる。

〝本物の域に達しているもの〟に共通しているのは、それを創造するにあたって、作家が自分の全てを捧げたというのが、作品から伝わってくることです。自分が狙ったクオリティーに仕上げるのに、人が持てる以上の力を全部出しきっているということが。

鑑賞する人は、「自分はここまでやりきっているだろうか」「この域まで到達しているだろうか」「これだけ全身全霊捧げているだろうか」と、自分が自分の望む本物の域に達しているかを、意識的にも無意識的にも問われることになると思います。

本物のモノサシを自分の人生や目標に当てはめて、自分が目指しているレベルまでどれくらい近づいているのか測ってみると、何が観えてくるでしょう。

自分は自分に嘘がつけませんので、自分の能力に関して、「足らない」と思うところに取り組んでいかないと、いつも後悔の念がつきまといます。先ほど「才能は必要なだけ伸ばせる」と書きましたが、それでもやっぱり、「もっと才能があったら」「もっとあれもこれもできたら」と誰もが思うものです。

私の息子がある映画に出演した時に、その原作者の歌手と話をする機会がありました。数々のヒット曲やミュージカルのプロデュースで大成功している彼女に、「何かもっと、これができたらって思うことある?」という質問をしたら、「ピアノが弾けたらいいのにって思うわ」と言っていました。彼女はコンサートで自分のヒット曲をピアノで弾き語りしているというのに。

どのレベルにいても、やっぱり人にはそれぞれ自分が目指す本物の域という高い目標があって、それに近づけるように上を向いて生きていくべきなのだと思います。

SNSで「自分が誰か」を表現すること

人には自分の存在を認めてもらいたいという「承認欲求」があります。

あるヒーラーが、「人が他の人の肌に触れたくなるのは、自分の存在を確認したいからだ」と言っていました。確かにそんなところがあると思います。暗闇の中に閉じ込められたりしたら、誰かの手を握るだけで安心感が得られると思います。

SNSで「これ素敵！」という気持ちを拡散した時、「イイネ！」と共感してもらえると、嬉しいですよね。これは日々の生活の中で感じた「感動」や「幸せ」を共有することで、「自分の存在を確認する」ところもあると思います。このように、幸せを自分以外の誰かに承認してもらう欲求はあっていいと思うのです。

自分の存在を確認するには、自分がいいと思うことを他の人に共感してもらうのが、一番わかりやすいです。

そうやって承認し合いながら、自分のまわりに価値観を共有できる健全な人を集めていくと、自分の「ハビタット＝生息環境」が健全になって、住みやすくなります。承認されながら、自分と通じる人を確かめているわけです。

ＳＮＳに関心がなくて、誰にどう思われようと気にしないと思っている人でも、やはり自分の価値観が通じる人が世の中にいることを確認しないと、孤立した気持ちになってしまうでしょう。

誰もがＳＮＳをやるべきだとまでは言いませんが、今の時代、ＳＮＳで「自分が誰か」を表現することは、当たり前になってきていて、特に自営業の人などは、自分と自分のビジネスを知ってもらうために、使いこなしたほうがよいツールだと思います。

Part 3

Your Timing

成功する人は「運の流れ」に自分を合わせるのがうまい

――「幸運」をつかむ新しい時代の方法

「運がいい人」は365日、こんなことにも気をつかっています

運は上がる、下がる、そして合わさる

肉眼で見えないものを感じようとするのを、面倒くさいと思う人もいるかもしれませんが、今の自分は運の上昇気流に乗っているか、下降気流に乗っているか。それを常に感じてください。

上昇気流に乗っている時は、全てにおいて、物事がタイミング良く進みます。下降気流の時は、次から次へと物事が遅れたり、止まったり、壊れたりします。

運は上がったり下がったりするものですから、自分が悪い選択をしていなくても、下降運にぶつかることはあります。「なんか嫌な感じがする」という気配を信じてください。

下降運にぶつかったと思ったら、しっかり今後の計画や、身のまわりのことを調整して、心も身体も良いコンディションで、次にくる上昇気流に乗ればいいのです。人生のメンテナンスの時だと思いましょう。

人間関係が急にうまくいかなくなったり、体調を崩したり、職場で嫌な思いをしたりすると、急に運が悪くなったような気になってしまうかもしれません。

でもたとえば、連絡がつかなくなった人は無理に追いかけなくていいでしょう。便宜上の付き合いだったのかもしれません。

病気が発覚したら、治療に専念する時だと思ってください。

仕事がうまくいかなくなったら、もっと先の将来のために軌道修正をしてください。

人生の休養期間、延命メンテナンス時期は誰にも必ずやってきます。

不満だらけ、不機嫌、暗い。そんな人が集まっている場所は避けましょう。

自分の運気を上げるには、自分の気分を上げるところから始まります。これは誰にでもできることですね。

自分の持っている良い運と、他の人の良い運を合流させられると、運はさらにパワーアップします。上昇運に乗っている人と仲良くして、運を大切にしている人と一緒に仕事ができるようにするのは大切なことです。

ポジティブなエネルギーと愛は、良い運に勢いをつける燃料です。自分で行動して生み出す運は、火種のようなもので、これを動かすのは、他の人の運や世の中の流れです。

まずは自分で、いい運、いいエネルギー、愛を生み出して、それを与えるべき人に与えましょう。本当に付き合うべき相手なら、きっといい運で返してくれるでしょう。そうして、さらに大きな幸運を発生させてください。

「運を読む」感覚をつかみましょう

あなたは、どれだけ「ピン」とくる、こないの違いを体感しているでしょうか。

「ピン」とくるかこないかで判断している人は多いと思いますが、慣れすぎてしまって、「ピン」ときていたのに無視してしまうとか、忘れてしまうことがあります。

ご自分の行動をチェックしてみてください。

これがチャンスだと思った瞬間に行動でき、自分が思った通りの成果を出せているか。「今だ!」と思いながらも、どうしても動けないことがないか。

投資をしている人は株や為替の売買をする時に、「今だ!」という感覚が走ることがあるでしょう。瞬時に何を売って、何を買うか思い浮かんだ時に、その通りに行動できるでしょうか。

他にも、自分にとって大事な人にたまたま出くわした時、とっさに声をかけられるでしょうか。気に入った家が見つかった時に、思い切って引っ越しを決断できるかどうか。「これだ!」と思っても、結局は何もしないままのこともありますね。

サイキック・リーディング的には、魂のブレーキがかかったのであれば、一旦停止という判断で問題ありません。でも慎重すぎて、習慣的にブレーキをかけてしまうこともあります。それでチャンスを逃した時は、さらに心の準備を重ね、もっと瞑想し、イメージ・トレーニングして、次のチャンスを待ちましょう。

イメージ・トレーニングとしてできることは、まず自分の目標を思い浮かべます。そしてそれが叶う瞬間をイメージします。それがぼやけていたり、遠く感じたり、ピンとこなかったりすると、何か条件が足らないということです。

何が足りないのか、さらにイメージしてみましょう。タイミングや場所や環境が今は合わないのかもしれないので、目標を修正し、他に可能性がないかもイメージしてみましょう。

新しく始めたことがうまく進まない時は、なんらかの理由で新しいことを受け入れる準備ができていないのかもしれませんし、何か不都合が起こる可能性があるかもしれません。

株や為替の場合は、「ピン！」ときた時に、ちょっと買ってみたり、ちょっと売ってみればいいと思います。私自身は、「自分が買った株はとたんに下がり、売ったとたんに上がる」と感じることがありますが、ちょっと買ってみて、下がった時に買い足す。ちょっと売ってみて、上がったらもっと売ればいいと考えています。

つい最近、突然「売らなきゃ！」と思って全部手放した株が数日後に10ドル下がり、

「買わなきゃ！」と思って買った株が、1日で20ドル上がりました。直感で株の売買をするというのは、そういうものなのでしょう。

何事も、「今だ！」と思う時は、それに従って動くだけでも、運を試す練習になります。

運のいい人と行動しましょう

運は集まるものです。

ですから、運のいい人と一緒に行動するのも、幸運を呼び寄せる方法です。

良い運に乗っている人、綺麗なエネルギーで生きている人と、お付き合いできるようにするべきです。そのためには、自分も日々良い運を生み、良い運に乗って、綺麗なエネルギーで生活しないといけません。

運の悪い人は、運が悪くなる原因を本人がつくっている可能性が高いです。

悪い判断をしていたり、基本的な考え方が間違っていたり。まわりに悪い人がたくさんいたり。

私からすると、運が悪い人は、空回《から》りしている感じがします。

でも、不運が必ずしも不吉というわけではないのです。不運が次の幸運のきっかけになることもあります。飛行機に乗りそびれて、事故に巻き込まれるのを避けた人の話など、ありますよね。

自分のお気に入りのレストランが潰《つぶ》れてしまったり、大好きな商品がお店から消えてしまったり、惚れ込んでいたブランドがなくなってしまったりすると、ショックです。

あんなに最高にいいお店だったのに。あの商品すっごく良かったのになぜ?

自分が好きになるものは潰れる運命にあるのか? 自分の運が悪いのか? 何か悪いものがついてるのか? なんて思ったりすることが、あるでしょうか。

そんなふうに、悪いことを自分のせいだと思ってしまう人もいますが、何度も言いますが、運は上がれば下がるもの、下がれば上がるものです。だから、「下がってるな～」と思ったら、「よし上げるぞ！」と思えばいいのです。

不幸に見舞われている中でも、魂が磨かれたら、何か新しい可能性を生んでいけます。そして不幸や不運に見舞われるのは誰にでもあることです。

ですから悪いことが起こったら、厄祓《やくばら》いだと思いましょう。「不運のチケット」をもらったと思って、これをいっぱい貯めて、「幸運チケット」に替えるのだと思ってください。

私は、悪いことが続くと、必ずビックリするようないいことに見舞われるので、不運続きの時は、「いいことが起こる前兆」だと思っています。

悪運の竜巻に乗って、グーンと一気に飛躍するようなイメージです。

そして運のいい人は、自然といい運のあるところを選んでいる感じもします。「チョットこっちに行くと嫌な感じがする」とか、「この人、悪いエネルギーだ」とか、そういうことは、魂と直感を磨いていれば、わかるものです。

「この人、自分から悪い運を生み出してるな」と思う人に対しては、まずは自分がその人の被害者にならないように、距離を置きましょう。悪い運を止めるのは、本人にしかできないことだと思います。そして、本人が止めればいいのです。

運が悪い時は、いったん全てを止めれば、悪い運も止まります。冷却期間を置いて、幸運に向けてスタートを切り直せばいいのです。

これまで不幸の原因となっていたことを、手放せばいいのです。そして良い運を集めるために、小さいことでいいので、ポジティブに、プラスになることを始めましょう。

「未来が拓かれる瞬間」の見極め方

私は人の未来を予知することを、使命のひとつにしていますが、今をどう生きるかで、誰でも未来を変えることができます。予知で観えた未来が、自分の望むものと違っていれば、今を変えればいいのです。

嫌々ながら勤め続けていた会社を、突然追われるように辞めることになる人がよくいますが、それは不運ながらも、自分にとって、もっと理想的な転職をする幸運のチャンスをもらったと考えるべきなのです。

一方、まあまあ良い運に乗っているために、思いきった軌道変更することができずに、何か物足りない結果になってしまうことがあります。

好きでもないし、将来性もないけど、安定している職場に勤め続けるというのもそうです。思いきって転職するというのが難しくなります。

運をつかむにも、自分から運をどんどん開いていくタイプの人と、運を待っているだけの人がいます。

私が過去に関わったことのあるゲーム会社やレコード会社は驚くほどの急成長をなしとげたのですが、確かに、「これから成功するぞ!」という闘志満々の人たちが集まっていました。運がいいとか、悪いとか以上に、そこに流れてくる運を全部、自分達の成功のための活力にしていくような感じでした。

私の息子は、オーディションに受かる時は、頭のテッペンがピリピリするそうです。「こうなったらいいな」と、ふっと思い浮かんだことが実現するという人も多いです。

自分が望むチャンスがやってきた時に備えて、成功するところをイメージしながら、必要な実力を磨いてチャンスを待つ。未来を自分で拓いていける人はそういう人です。サイキック・リーディングの観点からすると、将来性のあるものは、キラリと輝いて、いつまでも続いていくような感じがします。実は、これは直感を磨けば誰にでも感じられることだと思います。

「今だ！」のチャンスを逃さないコツ

「もう少し早く決断すればよかった」と悔やむこと、ありますよね。

たとえば、新しいプロジェクトに手を挙げたかったのに迷っていたら、違う人に決まってしまったとか。好きになった人に告白するかどうかで迷っていたら相手に恋人ができてしまった。しかも、後から聞いたら、相手も自分のことを好きだった、みたいなケース。逆に、もう少し待てばチャンスをつかめたのに、みたいに早まった判断をしてしまうケースもあります。

タイミングのズレも〝何かの警告〟として、とらえたほうがいいと、私は思いますが、でもやっぱり、狙っていたものを逃したような、ボタンのかけ間違いみたいな、もどかしい気持ちになるのもわかります。

こういう時にタイミング良く、いい運に乗るにはどうすればいいのでしょう？　タイミングを読もうとする時の、「今だ！」という感覚は、本当に瞬時に起こります。ですから、その瞬間にとっさに行動しないといけない。

ボタンを押す、返事をする、声をかける、意見を言う、名乗り出る。これらの動作を瞬時にできるようになるには、「チャンスがきたら、とにかくゴー！」と普段から何度も自分に言い聞かせて、心構えをしておく必要があります。そうしないと、「どうしても動けなかった」という結果になりやすいのです。

今すぐできなくても気にする必要はありません。何度か失敗を繰り返して、悔しさを覚えれば、「今度こそチャンスがきたらつかむぞ！」という決意を固めることができるでしょう。

「幸運にピッタリとタイミングを合わせる」練習

タイミングよく運をつかむ練習は、「バスを待つ」とか、「写真を撮る」時に練習するのがおすすめです。

バスを待つ練習は、時刻表を見ないで、バスがくるタイミングで自分がバス停に着くように練習します。

最初はなかなかバスがこなかったり、目の前で乗りたかったバスに乗りそびれてしまうこともあるでしょう。そこでイライラしたり、タクシーに乗ってしまうのではなくて、(他に定時の予定がない場合は)次のバスを待ちながら、バスをミスったからこそぽっかり空いた時間を有意義なことに使いましょう。私は隙間時間にオンライン・セミナーを聴いたり、何かの予約や購入、支払いなどの雑用をすることにしています。

待ち時間なしに、毎回タイミングよくバスに乗れるようになったら、これを自分の幸運をつかむタイミングに当てはめていきます。

人に出会うチャンス、仕事が回ってくるチャンス、「あなたみたいな人を、今ちょうど探してた！」と言ってもらえるようなチャンスを狙いましょう。

バスを幸運にたとえるのは、自分の目の前をタクシーや自転車やバイク、自家用車などがスイスイ走っていくのを見て、「他のみんなは進んでいるのに！」という焦りが無意識に発生する、そういった焦る感覚が生まれるところもあるからです。

電車で練習する場合は、自分がホームに着いたタイミングで電車がくるとか、扉が開くとか、そういうタイミングを狙って動いてみてください。

「いい運を発生させる」習慣

アメリカ英語でよく使われる表現に「March to the beat of your own drum」（自分が叩くドラムのビートで行進する＝わが道を行く）というのがあります。

「自分はこのために生きる」。そういう自分の目的が決まっている人たちが闊歩《かっぽ》するマンハッタン。ものすごいエネルギーが、濁流のようにごった返す中、それに流されて自分を見失わないように、みんな自分のリズムで生きています。

だからニューヨーカーたちは、多忙な毎日の中で自分のエネルギーが乱れるのを、ヨガやレイキ、メディテーションで調整したりすることも大切にしています。


あなたも〝自分のリズム〟を持ちましょう。

人が感じるビートといえば、まずは心臓の鼓動なのですが、そこから発展して、好きな音楽のリズムだったり、好きなダンスのリズムだったり、ラテンやレゲエやアフリカンなど、それぞれの母国のリズムだったり。

この自分に合ったリズムが自分の中に流れていると、リズミカルに動けて、物事をどんどん進めていく力が発生し、それが新しい運を生むことにつながっていく感じがします。

意気投合できる人は、このリズム感が合っているのだと思います。ノリが一緒の人には親近感が湧きますよね。

そして、良い運が続く時は、ピタッ、ピタッと物事がタイミング良くつながっていく感覚が生まれます。このリズムを、日々の生活の中でいつも感じていることが、いい運をつかむのに役立ちます。

「人を褒める」と幸運が生まれる

人は褒められたら、何かお返ししてあげたいなと思うものです。本当に真心で褒めていることが相手に伝わった時、相手が健全な人なら、必ず感謝の気持ちや元気を返してくれるでしょう。

ニューヨークで結構あるのが、「いいわねー、コレ！」と言うと、「あげるよ」と返ってくる。それが家具だったりすることもあったので、笑えます。うちの息子が小さい頃、店員さんがエプロンにつけているバッジを指差して、「かっこいい〜！」と言っただけで、たいがいみんなが「あげるよ」とバッジをくれました。

先日、久しぶりに乗ったバスの運賃の払い方が新しくなっていて、間違って2回も払ってしまったのですが、「バスが進化しすぎてて、ついていけない〜。でも市バス、すごいね!!」と褒めたら、それまで返金できないとシブっていた運転手さんが、「これあげるよ」と、一日乗車券をくれました。惜しまずに真心で褒める習慣が、新しい幸運を生みます。

運は自転車操業、学びも自転車操業

幸運が流れてきたら、迷わずにつかんで、それをすぐに活かさないと、次に続いていかないと思います。

運は人にもらうもの、人から受け継ぐものでもあります。運を投げる側も、瞬時に反応しない人に対しては、せっかくのチャンスをあげたいと思わないでしょう。

運は聖火を引き継ぐイメージで、どんどん継いでいかないとダメにしてしまうこともあります。ですから、いつも良い運を待ち、目の前に現れたらサッとつかむ。「今度は絶対に取る！」と思いましょう。

自分に流れてきた新しい運や学びは、すぐに使わないと身につきません。運と学びは自転車操業でいくのが一番効果的なのです。

ある運がきて、それで可能になったことをもとに、次のチャンスに活かしていく。これは、英語学習でも仕事でも人間関係でも、共通していえることです。新しい言葉を学んだら、今日か明日には会話の中で使うようにしていくと、語学力が驚くほど向上するように。

チャンスがきても、すぐに活かせないと消えてしまいます。せっかく運をつかんでいるのに、それを活かせないで無効にしてしまわないように。

私はエイベックスにもらった運を持ってニューヨークに渡り、そこから、ニューヨークでエイベックスのアーティストたちに歌唱指導をする運につなげていきました。そして、さらに楽曲提供や、ボーカル・プロデュースのチャンスへと、運をつなげていったのです。

やってみて思うようにいかないことがあっても、必ず何か他のチャンスにつなげていく。音楽活動を支えるためにサイキック・リーディングを始めたことが、作家になるきっかけにもなりました。大きな成功を夢みる前に、まずは自分の可能性を信じる。

自分を信じ続けることが全ての始まりです。

チャンスがきても、自信がないからつかめないと感じてしまう時も、「とりあえず学びのためにチャンスに取り組もう！」と思えばいいでしょう。成功も失敗も同じ学びですから、それで成長できるのです。

そして、本当に何もチャンスがないという窮地に追い込まれると、「何もない」ことを人はチャンスにできるのです。「何もない＝何をやってもチャンス」ということです。

お金には「悪い運」と「良い運」の両方がついてくる

お金の絡むことには、そのお金と一緒に、良いエネルギーも悪いエネルギーも入ってきます。

お金はそれを狙う人を必ず引き寄せます。

何十億も稼いだのに全部騙《だま》し取られたという話がよくあります。人はなぜ騙されるかというと、「美味しそうな話」などにつられて、「快楽」に溺《おぼ》れさせられてしまうからでしょう。騙されている時は、かなり持ち上げられて気持ちいいから騙されてしまうのでしょう。

本当に信頼していた人が騙されて自分も巻き込まれたというケースもあります。人はお金に目が眩《くら》むと、物事の本質がいきなり見抜けなくなります。さらに、「お金があったら失敗しない」と思って気が大きくなってしまうところが、最大の落とし穴なのだと思います。

お金が絡んでくるほど、直感は塞がれてしまうことも多く、誰と関わるべきか誰を避けなければいけないかを正確に判断できなくなってしまうのが、人間というものなのでしょう。

ここでやはり、「魂を磨き、直感を磨き、自分の好きなことを磨く」ことが、お金にまつわる、自分の立ち位置の良し悪しを確認する手がかりになります。お金と引き換えに、悪い人や悪い運を近づけないように、誠実でないものとは関わらない習慣を守ることが大切です。

拝金主義が大流行する世の中で、あえて魂を満たす生き方を考えましょう

今の時代……というか、いつの時代もですが、拝金主義のコンテンツが人気です。

ユーチューブでは、パッシブ・インカムと呼ばれる、必死で働かなくても楽々儲かるというアフィリエイトや、株投資などの副業で成功する方法教えますみたいな動画が見たくなくても流れてきます。

そういう情報は、一方的にどんどん入ってくるので、ネットで稼げて、好きなことができたら……なんて、つい考えてしまうかもしれません。

「どんな方法でも稼げればいい」という生き方の問題点は、「空虚」な気持ちが発生するところです。自分が稼ぐ方法が、自分の求めるアイデンティティーと一致していない時に、それがよく起こります。そして、その虚しさをお金で解消しようとしてしまう。

すると、お金という快楽で満たされた肉体と、お金という快楽では満たせない魂が

空回りするのです。

「そんなのどうでもいい、お金があればいい」——そう考えてしまうと、お金だけの縁で発生した人間関係に囲まれる生活をすることになります。

自分がお金を使う時だけチヤホヤしてくる人たちとは、お金だけが目的で一時的に接点ができている関係でしかありません。

お金と同時に多大なエネルギーも浪費して、それで手に入れたものが、長い間にわたって自分を幸せにしてくれたらいいのですが、たいがいはそうではありません。人間は飽きてしまう生き物です。そんな中で、身体も心も疲れきったり、騙されたり、利用されたりして最悪な気分になることがあると、「単にお金を稼いで、それを消費するだけで終わりの人生でいいのか?」「何のために生きているのか?」と考えてしまうものです。

お金さえあればいいという生き方、稼いでいるから人気があるという生き方。稼げていないと、人としての魅力も人気もなくなってしまう生き方。お金持ちを看板にしているユーチューバーたちが、動画発信で満たそうとしているのは、お金では満たせない「魂」なのだと私は思います。

お金を稼いでも、それを消費することだけで完結する生き方は、魂を満たせないままの人生で、人から尊敬されることもないでしょう。お金で感じる幸せは、肉体的な「快楽」で、これは「魂的な幸せ」とは違います。

「拝金主義の快楽」を追うのと、「人間としての魂的な幸せ」を追うのでは、付き合う人、行動、発想、幸せの観念などが大きく違ってきます。ということは、その人のアイデンティティーのとらえられ方も極端に変わってしまうということで、生きている意味が驚くほど変わってしまうのです。

「お金を生む」冒険を

お金のことが心配で眠れない人は、この世の中にたくさんいると思います。よほどの富裕層でない限り、多かれ少なかれ、みんなお金の心配をしているはずです。

ニューヨークの不動産王、元アメリカ大統領でさえ、何度も破産を繰り返し、借金をして、「ホームレスよりお金がない」といっていたことがあるのです。ユーチューブで人気のお金持ちたちも、私みたいな普通に暮らしている者には想像もできないようなお金の苦労をしています。

でも、「お金がない！　なんとかしなきゃ！」となった時、それをバネにして頑張れる人も多くいます。お金への心配はある意味〝生きる糧《かて》〟なのです。生命力はここから湧いてきます。

私はジョーダンで、「お金と原稿はないところからは取れない」と言うのですが、でもお金も原稿も、自分が生み出すことができる。お金をつくる運は、自分で生み出せるのです。

たとえば、ニューヨークでベビーシッターをすれば、時給25ドル。犬の散歩係も1匹1回25ドルです。

パンデミックで失業した人が、プリン入りのドーナツ屋さんを始めたところ、完全予約販売で毎日500個完売で成功したり、焚き火セットを開発して成功したり。グーグルとウォールストリートを辞めて、パンデミック中に編みぐるみキットを開発した夫婦が、年商7億を売り上げたり。

いきなり成功しようなんて考えないで、月10万円売り上げ目標くらいのつもりで、サイドビジネスを始めるのはどうでしょう。本当にいいものがつくれたら、本当にいいサービスが提供できたら、お客さんがつくはずです。

心配で不安なエネルギーは、何か手先や、身体を動かしていれば和らぐものです。お金を生むための、健全な試行錯誤をしてみてください。

Part 4

Your Purpose

自分に向いていることとは？
今、優先するべきことは？

――「好き」を生きがいにするのに、他人の評価は必要ない

Your Purpose

「自分の使命が果たせていると感じられる」これが究極の幸せ！

あなたはどれくらい成功したいのか

私がサイキック・リーディングをする時、まずは「その人にとって何が成功なのか」を観ます。それによって、その人が優先するべきことや、その人に向いている目標へのアプローチが観えてきます。

ご本人が何を成功ととらえているか、その目標がその人の素質に合っているか。さらに、その人がどれくらい成功したいと思っているのか。サイキック・リーディングで観えてきたものが、向上心や野望の強さを表わすだけだと、その人に実際に合っているものとは違うことがあります。

それぞれ自分に合う成功と、成功する方法を選ぶことが、まずは一番大切だと思います。

一般的に「成功」というと、「お金が稼げて、贅沢ができる」とか、「安定した収入があって、安心して暮らせる」みたいなイメージですよね。でも究極の幸せや成功は、その人が「自分の使命が果たせていると感じられること」なのです。

普通に暮らせているけど、ハッピーじゃない。というのは、これも不幸なのです。どこかで人間的に歪みが出てきて、変な行動に走ってしまうかもしれません。

その人が最も得意とすることと、これまでの経験から得たものを合わせて、それを仕事や人助けに活かせるのが一番です。それができると、お金では得られない達成感が得られます。これは、いくら稼いだかという達成感とは全く違う達成感です。


どれくらい成功したいか考える時、「ビリオネアーになりたい」などという人も多いです。しかし、お金が欲しい理由の根底には、人に認められたいとか、お金以外のものを、お金で手に入れようとしている背景があったりします。

大成功しなければ認めない。そんなふうに家族からプレッシャーをかけられて育った人や、お金がない人生は不幸だと脅されて育った人たちも、お金を成功のモノサシにする人が多いようです。

しかし、「自分はこうならないとダメだ」「これくらい稼げないとダメだ」というのは、全て思い込みだと思います。

「大金持ちになりたい」といっても、「大金持ち」という漠然としたイメージがあるだけの人が多いです。

「もっとお金があれば、もっと色々できる」という発想は、よくわかりますが、お金では得られない愛情だとか、使命感だとか、感謝される喜びを満たさないままでいると、いくらお金があっても、空虚な気持ちになるものです。そのバランスを取れるようにできれば、その人は、〝幸せの軸〟から外れることはないでしょう。


お金持ちになる夢をモチベーションに突っ走っていける人ももちろんいます。「お金を稼ぎたい」と考えるだけで、ビジネスのアイデアが色々浮かんできたり、それを実現させるための行動に勢いが出る人もいます。

小学生でさえ、「イーロン・マスク、ジェフ・ベゾス、ジャック・マー（馬雲）みたいになりたーい」と、お金持ちアイドル的な実業家の話をして興奮しているのを見かけます。

うちの息子は、「イーロン・マスクみたいになりたいけど、でも僕は自分の好きなことで普通に生きていけるのが幸せだと思う」といいます。

競争心が強くて勝負に勝つのが好きな人、マイペースなのが好きな人、向上心を満たし続けていればハッピーな人、変化に富んだ毎日を過ごしたい人、代わり映えしなくてもいいからいつも大好きな環境にいたい人など、幸せを測るのにも色んな決め手があります。

私的には、好きなことをやって、それを信じて、続ける。好きな人と、好きなことをやって、楽しく暮らす。これを維持していけるのが、成功なのだと思っています。

冒険の人生に向く人、安定の人生に向く人

「私はニューヨークで暮らすのに向いているでしょうか」

「フリーランスに向いていますか？」

「独立するのに向いていますか？」

というご相談を受けることがあります。

その人にとって〝冒険〟と思えるような決断の前に、背中を押してほしいからでしょうか。しかし、その〝冒険〟が意味することや、実際どういう現実と向き合わなければいけないかも、こればかりは冒険してみないとわからないことだらけです。

どんなに冒険する人生に憧れても、それに向いていない人もいますし、タイミング的に条件が悪い時もあります。

自分の殻をちょっと出てみるとか、違う文化の人から学んでみるとか、そういうのも冒険です。恋愛においても、自分と正反対なタイプの人を好きになるとか、異文化の人を好きになるとかいうのも、冒険のうちだと思います。


私が20歳の時にニューヨークにくることにしたのは、冒険だったと思いますが、とはいえ、便利な大都会ですし、英語が通じ、日本人もたくさん住んでいる。ですから冒険といっても、いきなり全く言葉が通じない場所、自分が経験したことのない生活環境に身を置くといったレベルでの冒険ではありませんでした。

それよりも、海外でフリーランスで生きてきたこと、自分の好きなことだけで生きてこれたのが、私にとっての大きな冒険です。


もし20歳の時の私が、いわゆる「安定」が成功と考えていたら、ニューヨークにこようとは思わなかったと思います。どこかに就職することを考えたでしょう。

そして「商業的に成功すること」が成功だと考えていたら、才能と実力があり余る人材で溢れるニューヨークで、音楽をやってこれなかったと思いますし、サイキックも、歌も、執筆も、仕事にできていなかったと思います。

私は就職とか結婚とか、生活の安定のためのゴールに向かう前に、「自分は何をするために生まれてきたのか」を知りたかった。「何をして生きれば、幸せに生きていけるのか」が知りたくて、それを日本の枠の外で考えたかったから、言語を変え、発想を変えるために渡米しました。

そして今は、一緒に人生の冒険ができる家族を持つこともできました。

私は、一生リタイアしないで、一生、冒険して働いていたいと思います。ずっと仕事をしてきたので、仕事をしないと落ち込んでしまうと思います。だから、儲かっても、儲からなくても、仕事をするのが楽しいのです。

クリエイティブなことを仕事にするにあたって、安定していないことを前提に、それを自分のモチベーションに人生を楽しむ。将来のことが心配で眠れなかったら、眠らないで何ができるか考える。

いくつになっても、長く続けられる自分の仕事をつくるとしたら、何ができるでしょうか？　それを生きがいにできるでしょうか？

逆のタイプの人から学ぶこと

他の人のためなら、すごく頑張れるのに、自分のためには、あまり頑張れないタイプの人がいます。私自身がそうで、他の人のために頑張る時のほうが、得られるものが多いということがハッキリしています。

サイキック・リーディングを始めたのも、他の人を助けるためでしたし、最初にマンハッタンにセッション・ルームを開いた時も、人助けがきっかけでした。若い頃の恋愛も、自分が助けてあげたくなる人を好きになりがちでした。

「どうして自分勝手な人ばかり自分は好きになるのでしょう？」

というご相談をよくいただくのですが、これは、人は自分にないものを持ってる人を好きになるからです。

自分勝手にできないタイプの人は、「こんなふうに好き勝手に自由に生きられたらな」と憧れて、自分勝手な人を好きになるのです。これは、みんな見よう見真似で生きているからです。

では、自分自身がもっと好き勝手にすれば、好き勝手な人を好きになっても振り回されないですむのかというと、そうではありません。いきなり好き勝手に生きられるようには、ならないのです。ズバズバ発言できる芸能人が人気なのも、なかなか言いたいことが言えない人が多いからでしょう。

好き勝手できる人は、人の意見を聞けないとか、協調性がなくて損することも多く、それなりの苦労をしているはずです。自分勝手なタイプの人は、世話好きな人が自分のことをあれこれ考えてくれていることすら、わからなかったりしますので、感謝してもらいたい時は、ストレートに伝えるのがいいでしょう。

世話好きな人は、相手のことを先回りして色々考えて、あれこれ世話してあげるのが好きで、それが幸せなのです。でも自分がそこまで気配りしているのに、それを評価してもらえなくて、空虚な気持ちになることもあるでしょう。

それでもやっぱり、「そこまでやるのが自分である」と、自分が納得できるまでやるのが正しいのです。

誰かのために頑張らせてもらおうと考えるだけで、やる気のスイッチが入る。そのほうが楽だったりしますし、結局は自分を満たして成長するためにやっているので、楽しんで他の人のために頑張れるのはいいことだと思います。私も子供のお稽古をサポートしながら、全て吸収して学んでいます。

フリーランスか、定職か

フリーでやっていくなら、仕事がパッタリなくなってしまった時に、自分が成長するチャンスだと思えないといけなくて、そこで怖くなるようなら向いていないということです。

私の夫はプロのミュージシャンですが、お金のことは心配しない、未来のことは心配しない主義です。だからやってこれたのでしょう。

私は未来を予測する仕事をしていますが、未来が安定しているとわかって、フリーランスをしているのではありません。いつも目の前は白紙です。この白紙から仕事を生み出していく喜びを知っているから、フリーランスをやってきたのです。予定表に何も入っていない時こそ、やる気が出て、仕事をつくっていく直感が冴えるのです。

サイキック・リーディングでも、白紙を観ていると、色々ビジョンが浮かんできて、人の未来を予測できるのです。

サイキック・リーディングにきてくださる会社員の方から、「自由に仕事ができていいですね」とはじめて言われた時は、意外でびっくりしました。「安定を求めて、ちゃんと就職されても、そんなふうに思うとは」と、ちょっと不意をつかれた感じがしました。

私自身は、「枠に自分を当てはめていくことを徹底して避ける」のが今世の自分の人生の意味かな、くらいに思うことにしたのです。これは私的な選択です。

学校で規則正しく生きていくことが基本の日本で、正規の軌道、世間からハズれることが怖い、という思いも強烈にありました。けれど生い立ちからして、「両親揃った安定した幸せな家庭」ではなかったので、その不安定さを「枠のない自由」と認識したのです。

世間に自分が入る枠がないなら、自分で枠をつくろう。歌手デビューした時も、著者デビューした時も、そう思いました。

フリーランスでしかできない職業はたくさんあります。自分が好きなことで稼げる喜びは、何にも代え難い最高の幸せのひとつでしょう。

でもフリーランスは誰にでもすすめられるライフ・スタイルではありません。

きちんと雇用されて、安定した仕事をしながら好きなことをやるほうが向いている人もいるでしょう。しかし職場にあまりにも縛られてしまって、精神的に病んでしまう人、また、会社が合わなくて転職を繰り返していることに劣等感や罪悪感を感じて悩んでいる人が多くいるのも、現実です。

定職につく場合、安定と引き換えに様々な自由を返上するのですから、その中でも、魂の自由を健全に保っていられることが大切です。そのためにも、時間を捻出して、好きなことを一生懸命やり、魂を解放してあげることが大切だと思います。

あなたは起業家タイプかどうか

実家が自営業を営んでいたりする人は、起業するのが自然だと感じる人も多いでしょう。また、面白そうな仲間と出会って起業したくなったり、儲かりそうなビジネスに出会って起業するなど、先にチャンスがきて起業する人もいます。

「誰にも雇ってもらえなかったから起業した」という人もいます。また、「会社をつくりたーい」「社長になりたーい」みたいな気持ちがなぜか湧いてきて、それに素直に従って、とりあえず会社をつくったという人も多いですし、いきなり職を失ったおかげで、新しいビジネスで成功できたという人もたくさんいます。

起業したくなる時、その魂的な意味は、自分のアイデンティティーを確立するということです。

自分は起業するべきかどうか、というご相談をよく受けます。

そんな時にまず、その人に「社長の星」があるか、ないかを観ます。簡単に表現すると、「社長になるのが怖くない人」かどうかです。

失敗を恐れない人か、持ち前の闘志がある人なのか。

エイベックスの創業者である松浦勝人さんや鈴木一成さんは、「失敗したら皿洗いでも何でもする」というような覚悟で会社を創立したとおっしゃっていました。起業するなら、人生を怖がってはいけないのだと思います。失敗を怖がってはいけない。「起業しなきゃ後悔する」くらいの気持ちが、根底にないといけないのでしょう。

あらゆる不安や危機感を、成功する原動力に変えていける人は、起業家として成功できる素質を持っているはずです。小さい頃から「自分は会社つくるんだ～」なんて言う子供もいるので、親としては、その夢を育ててあげられるといいですね。

起業するにも、「自分の好きなこと」で起業しないと、お金儲けのためだけの起業では、何のために生きているのか、何のために稼いでいるのか、やはりわからなくなるでしょう。「自分のアイデンティティー」が観えなくなってしまいます。お金を稼ぐことが、自分の好きなことにつながっていないと、忙しさの中で自分を見失ってしまうかもしれません。

お金のあるところには、悪い人が近寄ってきたりもします。だから、お金を稼ぐことが目的で集まる人間関係の中にも、魂を満たし合える人たちを選んでいけることが大切です。

「魂、直感、好きなこと」にピッタリくるものを選ぶ

音楽をやっている人の中には、楽曲を楽譜に書かれた通りにキッチリ演奏するのが好きな人、自分の好きな演奏家の奏法を再現したい人もいれば、とにかく自由にアドリブしたい人もいます。それと同じように、人生の歩み方や、何を人生の成功とするかという価値判断の仕方にも、完全コピー志向の人、オリジナル志向の人、２つの性質が顕れるように思います。

私たちは、とりあえず他の人のお手本を見て、見よう見真似で生きていると思うのです。基本的には真似から入っていくと思うのです。

成功している人やお金持ちを真似て、あの人みたいに、あの車に乗って、こんな家に住んで、こんな服を着てなどと、お金持ちっぽい生活を再現しながら、自分の目標とする成功を達成する人もいます。

しかし、この時に、「魂、直感、好きなこと」のうちの魂が抜けていたり、好きなことが抜けていると、うまく直感が利かなくなり、失敗する原因になったりするもの

です。セレブっぽさに憧れて散財し、魂をすり減らしてしまう、みたいなこともありがちです。

自分に合った、自分のオリジナルの方法で、魂の贅沢をすることも大切ですね。真似だけしていると、直感が利かなくなる。真似していると思っても、全然違ったりする。そして真似している内容が、自分が特に好きなものでないこともあるのです。ちゃんとリサーチしないで、他の人の真似だけで、みんながやっていると聞いて投資話に乗って騙されたり、自分が好きでもない商品を扱う仕事をしたりすると、魂的にも満たされないし、直感も働かない。おまけに商売が思うようにいかなかったら、何も残らないのです。

すでに成功している事業内容を参考にするか、前例のないものをつくっていこうとするか。自分にとってどっちがいいか決める場合も、やはり「魂、直感、好きなこと」にピッタリくるものを選ぶべきです。

Part 5

New Way of Life

世界は今、「やり直し」の時期を迎えている

——人生は何度でもやり直せる

未来を開く鍵は、「やる気の種」を持っているかどうか

「どん底」から上がるパワーは最強

新しい運を開くためには、どん底でリセットする。人生をV字回復させるには、ドン底を蹴《け》って浮上する必要があります。

いきなり底辺から？　と思われるかもしれませんね。でも飛躍したい時は、地を蹴って飛び上がるイメージが効果的だと思うのです。

「このままじゃ、ヤバイかも」と思いながらも、何も行動に出ていない時は、まだどん底まで行っていないのでしょう。でもどん底に向かっているから、「ヤバイ」と感じるわけで、体力、気力、経済力がまだ残っているうちに、底辺を蹴りにドン底までいくというのも、アリだと思います。

「今はまだ大丈夫」と思える時に、「でも、もし全て失ったら」と想定して先手を打つ。どん底の暗闇の中に落ちてみないと観えてこない、天から降り注ぐ希望の光というのもあります。ですから、本当にどん底に落ちたなと思った時は、底を蹴って、上に向かう時が来たのだと思ってください。

自分をリセットしたい時も、自分の底辺とか根っこに戻るイメージをするのがいいでしょう。

私がサイキック・カウンセラーとして、これまでずっと人々の幸運の糸口を探ってきて感じるのは、自分は底辺にいると思っている人のパワーは最強だということです。

とにかく、そこから上に上がるしかないですから、気持ちを上に向ければいいのです。人生の底辺には、「やる気の種」がいっぱい落ちています。

「万能スーパー・パワー」がすぐ湧き出る秘訣とは

何もかも上手くいかない時、自分は何で生きているのか、わからなくなるような時でさえ、「誰かの役に立てば、救われる」というのは本当です。ド派手に大失敗した時も、大不幸に見舞われた時も、同じ境遇の人を助けるために何かできたら、必ず救われます。

人は誰かに喜んでもらえた時に、必ず幸せになります。誰かに感謝された時に、自分の存在価値を感じることができる。「これからも頑張ろう」と思えるのです。これが万能スーパー・パワーの「やる気」です。

これまで繰り返しお伝えしてきたように、「自分が好きなこと」に真面目に取り組んでいれば、幸せでいられます。とはいえ世の中には悪事が好きな人もいるので、ここでは善意を軸に、好きなことに取り組むことだけにフォーカスします。

自分が好きなことをやっている時は、それが「お金にならなくても」楽しいものです。お金にならないのに好きでやることほど、純度の高い幸せはないでしょう。

自分が求めるクオリティーを追求していきたいと思う気持ちが、新しい「やる気」になっていく。それがある日、お金になったりすると、天からボーナスをもらったようなものですね。

「お金にならないなら、やらない」「大変ならやらない」「成功しないならやらない」みたいなことは、そんなに好きなことではない、ということなのでしょう。ですから、無理してやらなくてもいいでしょう。

「根拠のない自信」は大事です

60代で医師になる人がいたり、80歳で高校を卒業する人もいます。

いくつになっても、新しいことを始めるのは楽しいものです。

特に苦手意識からこれまで避けてきたことで、上手くできるなんて期待しなかったのに、意外と楽しめたりすると、すごい達成感があります。

私もずっと避けていたバイオリンを始めたり、楽器の奏法を丸ごと変えてみたり、新しい言語で歌ってみたり、低糖質のプラントベース・フードでお料理をしてみたり、毎日、何かしら新しいことに取り組んでいます。

自分の限界の枠を乗り越えてみた時、これまでになかった新しい希望が出てきます。

それが「やる気の種」なのです。私たちは、この「やる気の種」を食べて精気を養っていると思います。

何かをつくり出したいという、クリエイティビティーに終わりはありません。いくつになっても、素晴らしいものに感動する魂があることと、素晴らしいものを生み出そうとする努力ができることに変わりはありません。これが「生きがい」という「やる気の種」なのです。

「もうダメだ」と極限の状態でご相談にこられる人たちの突破口を、サイキック・リーディングで見つけるのも、私の役目です。

まず「やる気の種」を探して、何もなくても絶対大丈夫だと思える「根拠のない自信」という人生の火種に着火します。この火種は愛情や情熱というキャンドルのようなイメージです。そこに灯された火が「やる気」となって、人を突き動かすようになるのです。

新型コロナのパンデミック、戦争、仮想通貨の暴落など、世の中が突然〝一時停止〟するようなことを経験した今、世界中が「やり直し」の時期を迎えているという感じがします。

コロナ中に色んなことが変わってきました。働き方や、暮らし方に対する価値観、人や仕事との出会い方も新しくなっています。

ここで自分の次の目標を見直してみましょう。

自分の理想にストレートに向かって、遠回りしないのが正しいのだと思います。チャンスをつかむには、自分が本当に好きなことや、やりたいことを発想転換のキッカケにすること。

自分の本質と、好きなこととの接点をどんな可能性につなげていけるか、考えてください。自分の生き方に合った、自分の道をつくってみましょう。これは身近にあるかもしれないし、どこか違う場所にあるのかもしれません。

魂の天窓——「頭のてっぺん」を開けて直感を磨く

チャンスを探して人と出会っても、そのチャンスを活かせる人材だと思ってもらえないと、チャンスはもらえませんよね。新しく人と出会うには、まず自分が相手の関心を惹きつけるものを発信してないといけない。

そして、自分でもわかる自分の可能性と、他の人だからこそわかる自分の可能性がうまく作用し合うと、さらなるチャンスを生みますから、それらの全てを受け止めるための直感を磨いて、待ちかまえましょう。

直感を磨くには、常に直感で感じるアンテナを張り巡らしておくことです。

直感を妨げる過剰な欲や期待は遮断する、または、直感とは別なものとして認識しておくこと。

〝頭の天上を開けておく〟ことです。それは感覚的に、胸でもお腹でもなく、頭のてっぺんを開くイメージをしてください。すると、固定観念にとらわれ、世間体や常識に縛られるような偏った判断のしかたに振り回されにくくなります。そして、自分に観えていなかったチャンスが、自分がチャンスだと気づかないところから転がり込んでくるのを待ち受けてください。

チャンスの扉は 今のあなたが知らないどこかで見つかるのを待っている

思ってもいないチャンスをつかむには、「絶対ダメだと思う時に、意外とチャンスがくるんだよね」そう信じる自分でいられることが大切だと思います。

そして、「こうなるには、これをやって、あれをやって、この勉強をして、この資格をとって……」みたいな、自分で考えられる手順にとらわれないようにしてください。自分が信じ込んでいる手順が、自分の可能性を止めてしまうこともあるのです。

準備やリサーチ、資格を取るのに時間がかかりすぎて、自分のやる気が燃え尽きてしまうこともあります。チャンスが先にきて、それに合わせて自分が成長していけることもあります。

たとえば英語が話せないと海外で働けない、TOEFLの点が上がらないと雇ってもらえない、なんて思い込んでいる人は多いですが、全く違います。アメリカで働いている移民の多くは英語を話しません。コミュニケーションは言語ではなく、働く意欲、技術、人柄なのです。

作家になるのも、大学の文学部を卒業しなきゃいけないわけじゃなくて、まずは読者に伝えたいメッセージがないといけないわけです。そのための人生の経験を積むには、行動することです。

英語を使いこなせるようになるために、英文科をでないといけないわけではないし、翻訳家として仕事をするために、必ずしも専門学校に通って資格を取らないといけないわけではない。

それよりも、自分は何を伝えたいかを探し続けるとか、翻訳したい本を探してまわることのほうが、結果を出しやすいかもしれない。チャンスの扉は、今の自分が知らないどこかにあるのです。

成功も失敗も「人との出会い」が運んでくる

仕事も恋愛も結婚も、人生が変わる時、それに大きく影響した人の存在があるはずです。良い出会いは、良い運を運んできますが、一方で、人が失敗する時、ほとんどが悪い人との出会いが原因なのです。

自分の魂の同志だと感じる人は、自分らしさ、本質、誠実さの3つの価値観がピッタリ合っているはずです。

恋愛する時も、これがピッタリ合う人とだけ付き合うべきなのです。たまたま出会った人に、恋人がいなかったからとか、相手に求められたから付き合うことにした、という人も多いですが、その人といて自分らしさを失わないか、相手が自分の本質に合っているか、自分が一番大切にしている誠実さの価値観を共有できるか。この3つが揃ってないといけないのです。

この3つを基準に選択していけば、自分の求める幸せを一緒に実現できる可能性が高くなります。

人生に行き詰まった時はこの3つの習慣で乗りきる

生きていると、色々我慢しないといけないことが出てきますが、我慢しすぎると体調不良や病気となって現われてきます。

どんなに頑張りたくても、身体がついてこなくなることがあります。そんな時は「延命期」だと思って、しっかり休養するしかないです。

私も思いっきり働くのがいいことだと思って、体力の限界を超えて働いていた時期があります。

子育てをしながら、サイキック・リーディング・セッションの予約を詰めこみ、夜を徹して原稿を書いたりしていたら、乳がんが発覚しました。ギューっと過剰なプレッシャーがかかっていたのでしょう。

結局、治療のために仕事をいったん休むことになり、ひたすらベッドの上で静養する日々。健康であるためには、これくらいユルユルの生活をしないといけないのかも、と考えました。

「鬱《うつ》になるほど我慢しない」「お金のことは悩まない」「毎日、睡眠でリセット」この3つを守れば、健康を損なうほど自分を追い詰めないですむのだと思います。

人はお金のことに悩み、お金のために我慢して不幸になります。健康のことで悩み、人間関係のことで悩みます。

悩みは尽きることはありません。だからこそ気に病むのではなく、どうにもならない悩みは「天に返上」してしまう。

無責任というのではなくて、目の前にある問題や課題から自分を逃してあげないと、行き詰まってしまいます。どんな悩みも必ず解決するタイミングがきますから、天に返上した悩みは、良いタイミングを待って解決すればいいと思います。

「気にしない」と決めこんでしまえば、色々問題があってもハッピーに過ごせます。自分の〝ハッピーな聖域〟を守ることが健康の秘訣です。

Part 6

Reinvent Yourself

ゼロから新しい可能性を生む法

——今の時代、誰でも世界で通用する人材になりやすくなった

才能も運も不足していても「結果」に確実につながる生き方がある

「住む場所」で自分のエネルギーは一変する

住む場所は、自分の〝幸福純度〟に大きく影響します。

その土地やコミュニティーのリズムや波動によって、何もなくてもウキウキする場所もあれば、何かしら逃げ出したくなるような場所もあります。

新型コロナのパンデミックがあってから、多くの人がリモートワークでどこででも働けるようになりました。好きな環境で働ける人が増えれば、未来型の働き方改革にもつながるのではないでしょうか。それでＱＯＬ（クオリティー・オブ・ライフ）が向上するかもしれないし、未来型のライフ・スタイルを開拓する都市開発につながるかもしれない。

会社勤めの場合、会社の都合で勤務先や転勤先が決まってくるので、「自分でどこに住むかなんて選択はできない」と考えている人が多いでしょう。

それが当たり前と思っている人たちに、「自由に選べるとしたらどこに住みたいですか？」と聞いても、「わからない」と答える人が多いのです。それほど自分が住む場所なんて選べない、そんなのは自分の収入で決まってくると思い込んでいる人が多いのです。

都会の高級タワマンがいいとか、一軒家がいいとか、なんとなく田舎に住みたいとか、ハワイに住みたいとか、憧れがあったとしても、その根拠がはっきりしないことが多く、他の人のライフ・スタイルを見て、カッコいいから、みたいな理由で自分も同じような場所に住んでみたいと漠然と思っているだけだったりすることがあります。実際に、自分に合う場所がそれと全く違ったりする人も多いです。

私は、家の大きさや形より、「その土地に自分が合っているか」のほうが大切だと思います。人は土地からエネルギーをもらうと思うのです。

都会が好きか、田舎が好きか。海や湖、川などの水の近くに住みたいか、山や郊外で緑に囲まれていたいか。都会でも公園の近くならいいのか。これは本当にその時の自分の気持ちに正直でいればいい。気が変われば、またその時に移動すればいいのです。

私のクライアントさんに、「オーロラが見たい！」というだけで、カナダのイエローナイフに移住された女性がいます。なんとロマンチックなのでしょう！

そもそも、「こんなところに住みたいな」という気持ちはどこからくるのでしょうか。魂は何を求めているのでしょうか。

反対に「ここにいたくない」と感じる場所からは、できるだけ早く動いたほうがいいでしょう。

すぐに引っ越せなくても、どこなら自分の魂が喜ぶか、どの場所なら自分の気持ちが落ち着くかを知るために、あちこち訪れてみるのもいいでしょう。

お金を稼ぎまくって、お金を使いまくって贅沢するのと、「魂の贅沢」は別物です。セレブのライフ・スタイルに憧れるのもいいのですが、それを真似るのに経済的に無理をすると、空回りします。

住居にかけるお金は、自分の魂の負担にならない金額を冷静に見極めてください。お金のことを心配しすぎて、魂が枯れ、直感よりも焦りが強くなってしまっては、意味がないのです。

また、家を維持するのには手間もお金もかかります。それを負担に感じる人は、持ち家など持たないほうがいいのです。

あなたは定住好きか、ノマド好きか

住む場所を考える時、自分は定住するのが好きか、ノマド的に移動するのが好きかも考えてください。

一カ所に長い間住んでいると、それだけで停滞したような気分になってしまう人がいます。移動型の人は、仕事で移動できる職業を選べるのが理想的でしょう。仕事でそれが叶わないなら、小さくてもいいので、都会と田舎に2カ所住居を構えるなどして、気分転換に移動できるように工夫をするのもいいですね。

私自身はノマド好きの定住型です。大都会のマンハッタンにしかないものと、郊外の暮らしならではのものを両方楽しみながら、新鮮なエネルギーを取り入れるようにしています。

セッション・ルーム周辺の人々の営みから、インスピレーションをもらったり、セントラルパークで和む人々のエネルギーに癒されたり、騒々しくハイペースなミッドタウンのエネルギーに背中を押されたり、郊外の静かな時間の中で自分をリセットしたりします。

自分がそこにいられるだけで幸せだと感じる場所。そこで毎朝目覚められるだけでも幸せだと感じられる場所で生活できると、エネルギーが湧き出るものです。逆に、いたくない場所、嫌な場所にいるだけで、「やる気」は消滅してしまいます。

国を変えなくても、グローバルに働ける人材になれる

どんな親のもとに生まれるかで決まってしまう〝先天的な宿命〟を変えるには、住む国を変えるしかない、そんなケースはたくさんあります。

自分が求める生き方をするために住む国を変えたり、国籍を変えることは、一般的になってきました。ニューヨークはそういう人だらけです。

そして、世界中どこからでもオンラインで仕事ができるようになったので、仕事の発生の仕方や、雇用の形態も新しくなってきています。

必ずしも国内で仕事を見つけなければいけないというわけではなく、グローバルな仕事のチャンスは、これから増えていくと思われます。オンライン・コミュニティーには、性別や年齢に関係ない交流もあり、そんな中で自分の仕事をつくっていける人もいるでしょう。

今の時代、その気になれば、性別という宿命も変えられます。特に、先進国では、

ジェンダー・アイデンティティーの選択の自由も進み、女性として生きるか、男性として生きるか、そのどちらでもないノンバイナリーで生きるか、そういう選択もできるようになってきました。私の子供たち世代のアメリカでは、「自分がどう生きるか」を、より自由に選択できるようになってきています。

そして、いつ解雇されるかわからないという雇用不信から、起業したり副業をかけもちする人が増えているようですが、それによって、自由に自分らしく働けている人も多いです。

雇われの身なら誰にでもやってくる定年後のことを考えると、自営の収入源をつくっておくことは大事だと思います。できればそれが、どこからでもできる仕事で、自分が好きなことであれば、最高だと思います。

人生、何度、心が折れても大丈夫なワケ

心が折れた時は、他の〝芯〟をまた見つけたらいいのです。折れたものは今通用し

ない〝芯〟なのでしょう。これまでの常識を全て消去してリセットすることが必要な時もありますし、いったん心が折れて屈する時にしか生まれないパワーや発想もあります。

人生を豊かにするのは「やる気」です。やる気があれば、お金がなくても、幸せを生んでいけるのです。

実のところ、「もっと頑張るぞ！」という気持ちを最強に発揮できるのは、失敗した時なのです。悔しい気持ちや、このままだとダメだという焦りが起爆剤になって、反発する力が新しい運となります。

物事がうまくいっている時に感じる「引き続き、もっと頑張るぞ」というのは、もっとフワフワしている感じです。ちょっとうまくいっている時に、調子に乗ると失敗するのは、運がどこまで続くかは、アテにならないからです。

運は瞬時に流れが変わりますし、時代にも影響されています。

たとえば人気が沸騰したかと思うと、一気に下がることがあるのも、その人気はそれを支える人たちからもらっているわけで、この人たちから人気というエネルギーをもらえなければ、燃料の切れた気球のように、一気に落下してしまいます。

自分が弱りきった時は、他の人に助けてもらうしかない状況にもなりますから、助けられ上手になることを学べたりもします。

私が見てきたスターになった人たちは、売れる前にちゃんと失敗を経験しています。成功するには、才能よりも、困難の中でも目標を目指して頑張り続ける、体力や根気があるほうが大切なのです。

ですから、「できたらいいけど、これは無理」と思うことは、まず続けてみることから始めましょう。そんなに期待しすぎないで頑張っていると、新しい運が開けて、自分の想像以上のチャンスが回ってきたりするのです。

後悔のない生き方をするためには

あなたの夢と目標は、達成するのに時間がかかるかもしれません。難しいことにチャレンジする時は、無理なことをやっていると感じるかもしれません。でも、かけるべき時間をかけて、必要な手間と愛情をかけて、毎日根気よく取り組めば、自分が想像していた以上の結果につながっていくかもしれないのです。

その可能性を生みだし、結果に向けてつないでいけるのは、あなたしかいません。あなたにしか観えないビジョンを、他の人にも観させてあげられるように、その可能性の運の流れに乗り続けていれば、自分も知らなかった未知の到着地点にたどり着くでしょう。

ひたすら生きて、ひたすら夢を形にしていくことをあなたは考えればいいのです。それには、いいエネルギー、ポジティブな発想、そして愛を生み出すために、いい自分を愛し、いい人を愛して、美味しいものを食べ、生活を楽しみましょう。

自然にふれ、芸術にふれ、魂のこもった音楽を聴き、感動の涙を流しましょう。

呼吸を整え、アロマをたいて、しっかり入浴して、必要なだけ睡眠をとりましょう。

そして何よりも、〝仮の姿〟でいないで、本来の自分らしさを出しましょう。

そうやって今のあなたが持てる力を、毎日きっちりと発揮できれば、あなたが進むべき方向に、人生の可能性が伸びていくのです。そして間違った人とつき合わなければ、人生は正しい方向に進んでいきます。

自分の生き方が正しかったか。

人生の最後に自分に問うのは、これだけでしょう。

人生の節々での判断が自分にとって正義であれば、得しようと、損しようと、正しかったと言えるでしょう。それが後悔のない生き方だと思います。

「天が開く」「天から光が降りてくる」感覚、味わったことありますか

素晴らしい音楽は「天が開く」ような感覚を与えてくれます。

音楽だけではなくても、この感覚があるかないかで、やっていることの素晴らしさの度合いを測ることができると思うのです。

こうした「天が開く」ような感覚は、「舞い上がるような感覚」に似ていると思います。

この天が開くような、舞い上がるような感覚がある時というのは、何か自分の中で正しいものに手が届いた、正しいエネルギーに接触した合図だと思います。すると、気持ちのいいエネルギーが、いくらでも湧いてくるような感じがします。

何がなくても、このエネルギーを感じ続けていられたら、希望に満ち溢れる気持ちになるのです。天から光が降りてきて、自分に降り注いでいるような感じがするのです。

そういう感覚になること、あるでしょうか。これを毎日感じていて欲しいのです。

音楽などは、このエネルギーが流れていることが重要です。シンプルな演奏でも、このエネルギーが流れていると、確実に人の魂に流れ込んでいって、人を感動させることができます。

この天が開いたような感覚を、日々の生活で感じ続けていくことも、クオリティーの高い幸せです。これもお金には換えられない価値だと思います。

いくつになっても学び続ける幸せ

才能も運も足らなくても、「継続」することで結果につながることもあります。

特にアーティストなど、才能はもちろん必要ですが、それよりも、アーティストとして〝生き延びていけるか〟が勝負のわかれ道になります。ですから自分が何をしたいかがわかっているなら、それに取り組み続けることです。

日本で活躍している歌手を見ていて、歌が上手になってきて、これからもっと練習したら、それこそ天が開けるような本物の歌手になるかもと思う頃に引退してしまう人が多いので、とても残念に思います。

65歳でエミー賞を初受賞した黒人女優、シェリル・リー・ラルフさんが、受賞スピーチの際にトロフィーを抱えながら、

「This is what believing looks like.」（これが〈自分を〉信じ〈続け〉るってことなの）

とスピーチしていました。

成功率1％といわれるアメリカの芸能界で、１９７７年にデビューしてから、自分を信じて毎日コツコツ頑張ってきた結果です。

「自分をギブアップしちゃダメ！　自分の夢をあきらめちゃダメ！　たとえ何であれ、それが自分に意味のあることなら、チャンスはあなたを見逃したりしない。だから私生活という副業から立ち上がって、自分のために（本業で）勝負しなさい！　自分のために戦える最高の人材は自分しかいないのよ。10代で成功しなくても、20代で成功しなくても、30代、40代、50代で成功しなくても、60代で成功できるのよ！」みたい

なことをインタビューで力強く語っていました。

好きなことは年齢を理由に辞めたりしないで、いくつになっても学び続ける幸せを感じながら生きるべきだと思います。

外国語習得はあなたを必ずパワーアップさせる

流暢でなくていいので外国語を話す練習をしましょう。外国の書物を読んだり、外国の衣食住文化や芸術を学び、話題にできるようにしましょう。海外の情報を得るためにも、海外からきている人たちと交流しましょう。

今の時代、グーグル翻訳、ＡＩ翻訳などで何でも意味がわかる時代になりましたが、やはり外国語の原文が理解できて、そのニュアンスが理解できるのと、そうでないのでは大きく違います。

自分は井の中の蛙じゃない、世界的視野があるということをアピールしたいなら、英語くらいは話すべきです。英語が話せるイコール、世界中の人と交流しようという意思があると受け取ってもらえますし、世界各国の人々と気持ちが通じる糸口になります。

英語は誰でも話せるようになります。発音が悪くてもいいので、自分の気持ちを伝えよう、英語でコミュニケーションをしよう、という誠意が伝わればいいのです。最近はBTSの大ブレークでK－POPがアメリカでも大人気です。韓国語の歌があれだけヒットするのだから、歌詞なんか何語でも関係ないという人もいますが、実はそうではないと思います。

リーダーのRMさんが英語を話せることが世界中のファンとの絆を強くしていると思います。

海外のSNS配信動画も、英語のコンテンツが理解できたら、さらに楽しめる動画のチョイスが広がりますし、世界のトレンドがわかりやすいでしょう。

何をしたらいいかわからないという人は、留学生支援や難民支援などのボランティアをするとか、海外からきている人と交流できる場に行くのはどうでしょう。

すると、遠い海外だったと思っていた外国が、身近なものに感じられるでしょうし、逆に自分が海外に住んでみるイメージも持てるようになるでしょう。

誰にでも海外に住むのをすすめるわけではありませんが、新しい運を生むための新しい発想を展開するには、今ある現状の枠を出て、今の現況の中での常識を横に置いて、違う視点で自分の人生を考えてみるといいと思います。

場所が変われば価値が変わる。自分が置かれている状況を、海外のいろんな国の環境に当てはめてみると、見え方が変わってきます。自分の年齢に対する考え方も変わってくるでしょう。自分の可能性に対する考え方も変わってくるでしょう。

外国で今何が起こっているかを、現地に住んでいる人や海外からきたばかりの人に聞けるチャンスがあると、それに対して、これから日本はどうなっていくのかなどを考える糸口にもなると思います。ただし、海外の情報は悪いものも多いので、ポジティブな情報を集めてください。たとえば、アメリカは銃乱射事件が連日続き、物価高騰、何もいいことないみたいな情報が多いですが、アメリカならではの素敵なこともたくさんあるのです。

資格なしですぐ使える技術や知識を身につけよう

外国語を身につけることで、新たにたくさんの知識や情報を得ることができるようになると思いますが、私がサイキック・リーディングをやってきた経験から、人と接する時に役立つ知識といえば、次のようなものです。

人の名前の由来や世界各国の歴史と文化。各国の地理的な環境や地域による人々のルックス、男女の考え方や振る舞いの特徴。食文化の共通点や違い……。サイキック・リーディングで浮かんできた名前や人物像で、どの国の、どの人種の人かなどを瞬時に判断する時、その直感の情報を裏付けてくれるのが、そういった知識です。

サイキック・リーディングをするわけではなくても、とりあえず名前で何系の人なのか、出身地や人種などが大体わかるようになったら、その相手を知る上で30％くらいは、一瞬でクリアできることになります。

これは世界各国の人を対象というわけでなくても、日本国内の日本人同士にも適用できます。日本人の場合、見た目や名前では出身地を判断するのは難しいと思いますが、方言でどこの地方出身の人か判断できると、相手を知るのに10％くらい近づけた感じがしないでしょうか。

これからは、誰もが世界に意識を向けていかないといけない時代ですから、出会う人たちが、どこの出身で、どんな場所からきた人たちなのかがわかっていると、会話が切り出しやすいと思います。


他にも自分の運を切り開くのに、学んでおいたほうがいい知識としては、「自分の権利」を知ることでしょう。

普通に生活していると、あまり気にならないかもしれませんが、何か不都合がある時、古い規則や風習が原因になっていることがあります。その中には人の権利を侵害するものもあって、何か問題に立ち向かう際に、自分の身を守る法律がどれくらいあるのかなど、少しは知っておくことが、大切だと思います。

それによって弁護士が解決すべき問題なのか、それとも社会問題として法律を変えないといけない問題なのか、世の中に発信して助けを求めるしか解決の糸口がない問題かなど、どう対応するべきかも判断できるでしょう。

何か問題が発生した時、対応の仕方がわからなくて泣き寝入りになってしまったり、面倒だからと避けていると、運は開けていきません。

「新しい運」の種まきのコツ

いくつになっても、新しいことを学ぶのは楽しいことです。

たとえば、私は誰にでも歌を歌うことをすすめるのですが、「歌は下手だし、どうせ上手くならないからやらない」という人も多いのです。

歌は誰だって練習すれば、ある程度は上手くなります。その人なりに少しでも上手くなって、歌いたい歌を気持ちよく歌えて、それで幸せになれたら、それでいいのです。コツコツ練習を積めば、人を感動させられるほど上手くなるかもしれません。

何をするにも、ある程度、時間をかけないと上手にはなりません。あれこれ試しているうちに、人生のいろんな場面で応用できる工夫ができるようになります。どんな困難にぶつかっても、「でもきっと解決するんだよな」と希望が持てたら怖いものなしです。

私はビギナーズ・ラック（初心者の幸運）に恵まれることが多いので、いつも何か新しいことにチャレンジしています。全然上手くいかないと思うことでも、突然少し上手になったりするのです。

私はニューヨークにきたばかりの頃、わからないことだらけでしたが、そのうち、「必ず何か解決策が出てくる」「ニューヨークなんだから、なんでも絶対可能！」と思えるようになりました。実際、自分が経験したことのないことに取り組む時ほど、直感が冴えるのです。未知のことをイメージしながら、物事を進めていかないといけないからです。

若い頃、ものすごく不安になる時ほど、私は人として成長できたと思います。

自分がどっちに向かって生きているのかわからなくなるような時は、道を歩きながら、「この道は自分で選んだ道。自分で選んで歩いている。どっちに向かって行こうと、自分が歩いていることには変わりはない。この時間も、この空間も、自分が選んだ自分のもので、自分の意志で今ここにいる」——そう考えると、どんな境遇の時も幸せな気持ちになれました。そして「きっといい方向に向かっている」といった、自信が湧き出てきました。

生活の安定のために新鮮さに欠ける仕事をやむなく続けているという人も、副業で何か新しいことをしてみてはいかがでしょう。新しいことを学んでいる時は、新鮮で謙虚な気持ちになれます。

私はBTSの本の翻訳の仕事を受けた時、BTS関連の動画を何カ月にもわたって観まくりました。そのついでに韓国語を学んだり、韓国語で歌うようにもなったりしました。

また、ロシアによるウクライナへの軍事侵攻の報道を見て、ウクライナの言語や文化について学んだり、それに合わせてロシアやジョージアについても動画を観たり。隙間時間を活用して、オンライン・コースを気軽に受講して脚本を書き始めたり、自分のペースで色々学びながら、良いインスピレーションをもらっています。

自分の人生に流れてくる「きっかけ」を、どんどん取り込み広げていく。これも新しい運の種まきだと思います。人生に新しいことを、どんどん取り入れていくことで、自分の発想も更新されていくと思うのです。

「PB」を更新していく楽しさ！

私は、自己の最高記録「パーソナル・ベスト」（PB）を日々更新していく生き方が好きです。

自分が目指している道がどんなふうに開けるかは、自分にしかわからないものです。どんな成果につながるのか、何の意味があるのかも、自分自身にしかわからないものです。

だから他の人の見よう見真似で、とりあえずの目標を定めたとしても、最終的に自分にピッタリくる生き方は、自分が生きてみないと観えてこないところがあります。毎日「自己ベスト」を更新しようと前向きに生きることで、でき上がっていくのだと思います。

私自身の人生は、自分に正直に、自分が信じること、自分が愛することに真剣に取り組むことだけを積み重ねてきた結果なので、無理のない自然な生き方で、自分に合っていると思います。

音楽も、執筆も、まだまだ自己ベストを目指して、より良くしていきたいという気持ちがあることが、最高の財産です。そのためにセルフケアをして、燃え尽きないように、毎日ポジティブなエネルギーやインスピレーションを自分に取り入れています。パンをフワフワに焼くために、湯だねをつくる。きめの細かいケーキを焼く。ルパン粉を使って低糖パンやパスタをつくる。編みぐるみを綺麗に編む。丁寧にストレッチをする。細かい表現をする歌の練習をする……。

何をするにも、上手にできた幸せ、自己最高のでき上がりを感じる幸せ、そしてそのために、しっかりセルフケアをして、落ち着いた気持ちで物事に取り組めるようにする、ちょっとした余裕を感じる幸せ。自己ベストを目指す日々は、毎日の生活に希望を与えてくれます。

Part 7

I ♡ New York

私の魂的ニューヨーク・ライフ

――いつも夢がいっぱいのハッピーな自分に

I ♡ New York

純粋に魂と直感と歌を磨く。私の人生はそれだけのためにある

「本当の自分」を知るためにニューヨークへ

「魂を磨き、直感を磨き、好きなことを磨く」。

前述してきたように、私は、ただこの3つの志だけで、ニューヨークで生きてきました。

自分でも驚くのは、渡米して37年たった今でも、その〝生きる目的〟が変わっていないことです。本当にこれだけのために生きている。根っからのアーティスト・タイプの私は、「魂、直感、歌」これらを磨いている時が一番幸せです。

20歳でニューヨークにきたのは、規定の枠に自分を合わせようとする前に、本当の自分を知りたかったからです。

常識や、固定観念に自分の発想を制限されて、自分がどうしたいか、自分に何ができるのかが、わからなくなってしまっていました。そんな自分の可能性を探りたかったのです。とりあえず日本を離れて、ニューヨークで自分と向き合うことにしたのです。

とはいえ、あてもなく〝荒野をさまよい続ける生き方〟を皆さんにおすすめするわけではないのです。

こんな私にも、大手ゲーム・メーカーやレコード会社に就職できたかもしれない巡り合わせがありました。でも何か違うと感じて、それにしがみつくことはありませんでした。どこにも属さず、既存の道ではなく荒野を歩き続けた結果、自分の道ができていました。

そんな経験から、読者の皆さんが不意に〝自分の道〟を見失ったとしても、自分を見失わずに歩き続ければ、生きていく道ができるということをお伝えしたいのです。

いつも、「自分が本来求める姿にあっている＝アイデンティティー（Identity）」「自分に誠実である＝インテグリティー（Integrity）」「自分の品格や自尊心を大切にしている＝ディグニティー（Dignity）」この3つが揃っていれば、幸せな人生から外れることはないはずです。

「魂を満たす生き方」を優先するようにと教えてくれた人たち

ニューヨークには、自分の夢、才能、可能性に自分の限界ギリギリまで挑もうとする人たちが、たくさん集まっています。ニューヨークで暮らしていると、そういう人たちと出会うチャンスがたくさんあって、少しお話ししただけでも、物すごいエネルギーやインスピレーションをもらえます。それが私の発想の限界を押し広げてくれる。私はそのエネルギーに触れるために、今でもこの街にいます。

亡命者や難民としてニューヨークにたどり着いた人も多くいます。たとえばイラン出身で難民としてイスラエルに移り、その後ニューヨークに来て大成功したファッション・デザイナーのエリー・タハリは、ホームレスだった時期もあるそうです。それこそゼロから幸運を自力で生んだ人です。タハリ氏のような成功者でなくても、文字どおり命がけの努力が根底にあって、ちょっとやそっとじゃ凹むことなく、一生懸命に働いている人がいっぱいいます。

11歳で自分のシアターを立ち上げて、プロのブロードウェイ子役俳優を輩出する有名演劇学校を創設した女性。16歳でダンスだけに賭けて渡米し、40代でも現役で活躍する日本人ブロードウェイ・ダンサー。私の著書の推薦文を書いてくださった、前衛アーティストのオノ・ヨーコさんや、音楽家の坂本龍一さん。面識はありませんが、今やルイ・ヴィトンのアーティストの草間彌生さんも、かつてはイースト・ヴィレッジで、ひたすら作品を描き続けていらした。

純粋にアートのためだけに生き、自分の道を貫こうとするアーティストたちがこの街に暮らす理由は、その生き方や活動、作品に共感し価値を与える人々が集まっているからでしょう。自分のユニークさを肯定しようとする時、それを支える環境が必要になります。

「生きることは素晴らしい!」という魂的なシンプルな喜びが湧いてくる

私がニューヨークで一番美味しいピザだと思っている、アッパー・ウエスト・サイドの「ピートのピザ屋」。

そこで長年働いているメキシコ人の男性は、「僕の故郷では、毎日生きて家に帰ってこれるかわからないようなところで、子供でも教育を受けるよりも日銭を稼ぐ必要があった。だからこうして普通に働けるのが幸せだよ」と話してくれました。

自分の人生を「生きる」覚悟が固まっている人からは、不思議な安堵感や自信が感じられます。「生きてさえいれば、人生どうにでもなる」という経験をしているからです。

これは、これまでに出会った起業家たちもいっていたことです。「生きていられるだけで幸せだ」ということを実感できている人は、〝魂的な永久資産〟を持っているのです。

アメリカのユーチューブでは、「英才教育・高学歴・高所得」を強いられる典型的な成功志向のアジア系家庭で育つことのプレッシャーやトラウマなどを自虐ネタにしたコメディーが、大ウケしています。

人気沸騰中のアジア系ユーチューバー、スティーブン・ヒーは、親からは「自分の好きなことで生きていこうなんて考えるな。嫌なことで稼いで、好きなことにお金を使うのが当たり前。医者か弁護士にならなきゃ人生負けだ。役者になりたいなんて、とんでもない。そんなことしたら一生スターバックスでバイトだ」といわれて育った――。そんなネタがあります。確かにありそうな話です。

自分の子供に「一生スタバでバイトでもいいから役者として生きろ」「自分の芸のために生きろ」といえる親は、マイノリティーなのでしょう。親が子を所有するかのように考えたり、我が子が成功して、親の面倒を見てくれるようになるのをアテにすると、子は自分の尊厳のために逃げたくなるでしょう。

いい仕事に就けなかったら、ホームレスになったら、どうするんだ？　人生の負け組に転落していいのか？　と子供を脅す親は、親のほうがそれを恐れているのでしょう。

私は、お金のことは心配しすぎず、魂を満たす生き方を優先しなさいと教えてくれる親を持った人が本当に羨ましいです。だから私自身は子供に、「一生夢中になれることを仕事にしなさい」といっています。

自分がやるべきことをやっている時に、開くべき道が開ける

元々私はサイキック・カウンセラーになることを目指していたわけではありません。「自分の能力」を使って人のお役に立とうと思ってやっていたら、自然に道が開けたという感じです。

「やるべきことをやっている時に、開くべき道が開き、出会うべき人に出会える」。

これは本当です。そしてこれは誰にでもいえることです。

私が最初にセッション・ルームを開いた時も、自然にそうなった感じでした。

ニューヨーク大学のキャンパスがあるウエスト・ビレッジは、著名なサイコロジストが軒並みオフィスを持つブロックです。サイキック・リーディングをする私なんかにオフィスを貸してくれる人なんて、誰もいないと思っていました。そんな私に、オフィスを借りるチャンスが自然に回ってきたのです。

当時、ニューヨーク大学の大学院を卒業したばかりの友人がいました。彼女は全盲という障害を乗り越え、博士号を習得してセラピストになったという偉業を果たした努力の人です。

私は彼女に毎週、ニューヨーク・タイムズの記事を読んであげていました。特に、クラシファイドという求人欄を丁寧に読んで、それが私自身の英語の勉強にもなっていました。

その彼女がいよいよセラピストとして仕事を始めることになり、オフィスをニューヨーク5番街に借りたのですが、もちろん賃料は高い。「お家賃払うの大変なの」という話を聞いて、彼女が使用しない週末に私が借りることにしたのです。少しでも彼女の助けになれればと思ったことが結局、自分のチャレンジにもつながったのです。

そのオフィスには世界中から、あらゆる層のクライアントさんたちがきてくれました。

オノ・ヨーコさんに出会ったのもそのオフィスです。ヨーコさんが最初にきてくださった日に、オフィスの待合室に置いてあったニューヨーク・マガジンに、ヨーコさんを紹介する記事があって、「有名人とはこういうことだ。さすがヨーコさん」って思いました。

ヨーコさんは日本人初の「ロック・スターの彼女（後にワイフになる）」であり、「元祖アイドル」みたいな人です。夫の元ビートルズ、ジョン・レノン氏からは、「君は世界で一番有名な無名アーティストだ」と、からかわれていたそうです。彼女は財閥のお嬢様で、ロック・スターの妻、さらには自由な表現をする前衛アーティスト。これは彼女そのまま、完全に理にかなったアイデンティティーだと思います。自分の道を歩み続けた結果ですね。

彼女を目の前にして、私ってニューヨークにいるんだなぁ、という実感が湧きました。結局、毎回ヨーコさんにきていただくのは大変だったので、私がヨーコさんの住むダコタ・ハウスに通うことになりました。私もアッパー・ウエスト・サイドに住んでいるので、ちょうどよかったのです。お散歩がてらにヨーコさんのお宅にリーディングにうかがう。これはニューヨークでしかありえないことですね。

他の人のために頑張るほうが私も向いている

私自身は、作家、サイキック・カウンセラー、シンガー・ソングライター、ボイス・トレーナー、ボーカル・プロデューサーなど様々なことをやって生計を立ててきました。小さいながら、いつも自分で仕事を生み出してきました。

自分らしく生きたい、自分の能力を伸ばしたい、アメリカ人に通じる歌が歌えるようになりたい、感動してもらえる歌が歌えるようになりたい。そんなまだ形になってもいない夢を追いかけて、とりあえずニューヨークにきたところ、日本にはない縁に出くわすことができました。日本にいたら不可能であったと思われる自分になれたことが、自分にとっては良かったと思っています。

私には、レコード会社、エイベックスの最初の邦人歌手という、誰も知らない経歴もあります。その後、いろいろあって、エイベックスのスターたちに歌の指導をするチャンスをいただきましたが、そこで他の人のために頑張れたのがよかったのです。

私はこれまで述べてきたように、自分自身のためというより、他の人のためのほうが頑張れるタイプのようです。これからスターになっていく人たちが自信を持って歌えるようになるために役立てるのが嬉しかったです。

私が歌の指導をするのはみんな、デビュー寸前か、すでにデビューしている人たちでした。本来ならば何年もかけて習得するテクニックを、数時間である程度身につけてもらう。そのために、あれこれ工夫をしたことが、私自身にとっても役に立っています。

そこから伸ばしていけるかどうかは本人しだいなのですが、アーティストたちは、いったんデビューしたら、短期間でスターダムに向かって爆走していかなければいけない。売れないと、メインストリームでのアーティスト生命が絶たれてしまいます。なのでみんな真剣勝負でした。だから緊張感のある、集中した良いレッスンができたのでしょう。

1日2時間の歌のレッスン中に、サイキック・リーディングもしながら、アーティストとしての目標を研ぎ澄ましながらのレッスンでした。

そして、こうして本を書くのも他の人のため。誰かのお役に立てるように頑張れるのが、私にとっては一番の幸せです。自分のために欲を出すと、いいことがなかったり、逆に頑張れなかったり、変な人が寄ってきたりする感じがします。

エネルギーのギブ＆テイク

私が著名人などエネルギーが強い人に会う時に気をつけているのは、エネルギーを全部吸い取られないようにすることです。リーディングはエネルギーのエクスチェンジですから、もちろん私側のエネルギーを差し出すわけですが、影響が強い人ほどその吸収力がすごくて、ザーッと持っていかれたように感じることも少なくありません。

エネルギーは強いほうに吸収されやすいのです。

もっと正確には、エネルギーを強く必要としている人のほうへ流れていくと思います。ですから看病すると患者へ、子守りをすると子へ流れていきます。

スーパースターたちのあの輝くエネルギーは、ファンたちからもらっているのだと思います。スターになる子たちは、小さい頃から特別なエネルギーを発していることが多いのですが、それに引き寄せられたファンたちは、スターにもらったエネルギーを、さらにスターに返していると思います。こうしてエネルギーの循環が起こって、爆発的なエネルギーになるのでしょう。

スターになる子たちは、頭の回転が早くて、何でも器用にできてしまう、凄まじい行動力のある子が多いです。放出しているエネルギー量が多い。

スターだけでなく、もちろん誰でも、エネルギーを持っています。中にはとても控え目で、自身を守るためにも、外部のエネルギーを遮断しているような人もいます。

また自信がない人ほど、他の人のエネルギーを必要とします。特に、周囲の人間をコントロールして、人を利用しまくって成功している人。そんな人に会うと、初対面でもなんでも、いきなり「エネルギーのバトラー」にされてしまうことがあります。ご本人にそうする意識があっても、なくてもです。そういう人は会っただけでも疲れてしまいます。それが親や兄弟姉妹、結婚相手だったりすることもあります。

お金は、お金目当ての人たちを呼び寄せる

私のクライアントさんには著名人が多くいます。有名になればなるほど、ちょっと近寄り難い感じになってしまうところがあります。名声やお金を利用しようとする人が必ず出てくるので、どうしても、「必要な人に、必要なだけ接する」という感じになってしまうのでしょう。それでも私のサイキック・リーディングを受けてくださるのは、私を信頼してくれているからでしょう。

お金持ちになって、まわりの人に、持ち上げられる生活に憧れる人もいます。

株や商売で成功したユーチューバーさんたちが人気ですが、きっとお金目当ての人とか、単にお金持ちに憧れる人たちが寄ってくることでしょう。

ある有名音楽プロデューサーの絶頂期に、私は彼がプロデュースするアーティストたちの歌の指導を任されていました。

イベントでそのプロデューサーにご挨拶する機会がありました。私も含め、その場に大勢いた全員が、多かれ少なかれ彼の成功の恩恵を受けていたといえるでしょう。当時彼は100億稼いだといわれています。

その場の雰囲気は異様な感じでした。羽振りが良くて、キラキラしていて、華やかで、浦島太郎が行った竜宮城って、こんな感じかな？　なんて思いました。

その後、ニュースにもなりましたが、彼は何百億も稼いだにもかかわらず、何十億もの負債を抱え、そのために詐欺行為に及ぶことになったようです。これも彼のお金を狙った人に囲まれてしまったからでしょう。そしてお金のパワーに呑み込まれてしまったということです。

人は、お金がたくさんあったら失敗しないと信じてしまうものだと思うのです。お金がなくなることなんて、想像できないでしょう。お金でたいがいのことは解決できてしまうから、自分は守られていると過信してしまうところもあるでしょう。宝くじに当たったら、そのお金目当ての人たちに追いかけられる人生になってしまう。残念ながらお金が人生を狂わすというのは、本当のようです。

お金は「毒」にも「薬」にもなる

私自身はお金や名誉に目が眩んでいる人を徹底的に避けることにしています。それは私もすぐに感化されてしまうからです。

お金の話でセミナーをしている人も徹底的に避けます。私に変な欲がついて、直感が鈍ってしまったら、私のサイキック生命は絶たれてしまうからです。魂を磨くという、ささやかながら一番大切な幸せが絶たれてしまう。これは私にとって究極の不幸なのです。

金欲のエネルギーの毒性はとても強いのです。お金と幸せを切り離せる人の出すエネルギーを「森林マイナスイオン」とすると、金欲の毒性は、「排気ガス」みたいだと感じます。

ですから私は、「お金で幸せになろう」という人には近づきません。本当の幸せは、お金で買えないからです。そしてお金があっても、なくても、魂的に健全でいられることが財産なのだと思います。

人間はお金だけでは満たされない

金銭的な成功を最優先する幸せと、それとは全く逆の幸せがあることを書いてきました。働かないという楽さを幸せとしている人もいれば、お金を稼ぐより、使わないほうが楽だと感じる人もいます。お金儲けだって大変な努力を要しますものね。

『稼ぐが勝ち』という本を出版されていた、実業家ユーチューバーのホリエモンさんが、最近では「お金儲けはつまんない」なんていっているので、やはり人間はお金だけでは満たされないのでしょう。

マネーパワーが好きな人、マネーゲームの才能に長けている人、私がこれまでに遭遇したマネーゲームの王者たちは、何十億、何百億と稼ぎ、さらにその倍くらい失い、またさらに何十億稼ぐといった、ローラーコースターのようなマネー劇を繰り返しています。

ユーチューブでご本人たちも暴露されていますが、これまでお仕事でご一緒したことのある、レコード会社の創始者や、ゲーム会社のスター・クリエーターさんが、絶頂期に巨額な負債を抱えさせられるという不運に見舞われ、そこからまた何十億も儲け直すという、金銭的にも精神的にも私の人生の何百回分も波乱万丈なマネー・ドラマを展開してこられています。

お金に関して、それだけ大きな器を持った人ということなのでしょうが、ユーチューブでのご本人たちの言葉からすると、私のいうところの「ささやかな幸せ」はなさそうです。

子供を公園に連れて行ったり、お弁当をつくったり、お花を生けたり、そんなささやかで平穏な幸せも最高だと思うのですが、爆走ビジネスマンたちにとっては、そんな「ゆったりとした時間の流れを楽しむ」といった幸せは、調子が狂うだけなのかもしれませんね。

お金持ちと結婚したいという人は多いですが、「派手にお金を稼いでる人は、派手に遊ぶのも仕事のうちだし、モテるでしょうから、それを追いかけて捕まえるスリルとか、相手の気を引く努力をすることそのものが好き、とかいうのでなければ、自分が燃え尽きちゃいますよ」とアドバイスしています。

とにかく、お金欲しさに思いつくこととか、お金欲しさにやることは、自分にとって毒性が強いことも多いので、気をつけないといけないと思います。

「自分の好きなことはお金稼ぎ」だと決めたとしても、「魂」が磨かれていないと、自分への尊敬の気持ちが薄れてしまいますから、稼ぐ手段を選ばなくなります。お金を稼ぐ上でのモラルが守れなくなって、人から信用されなくなり、自分の品格を失う人が多いです。

「自分の魂にとってこれでいいのか?」とか、その稼ぎ方が「最終的に自分の幸せにつながるのか」などと考えなかったり、稼げれば何でもいいと簡単に稼げる方法を選んでしまうと、わざわざ「直感」を使わなくてもよくなります。

お金が手に入って、好きなものに使えるのは、とても幸せな気分になれるのも確かで、「浪費ハイ」ともいえるでしょう。お金を使う快感にふりまわされることは、ケーキを食べるくらい簡単なことです。お金の毒性は、お砂糖と同じようなところがあります。

お金のことは気にしない習慣も大切

お金のことを気にしないで、自分が好きな世界に飛び込んでいけるか。これは自分で選ぶ人生を生きるための、最初の適性テストだといえるでしょう。

自分が選んだ道で、フリーランスでやっていくには、仕事がない時に「怖い」と思ってはいけません。時間ができた、新しいことに取り組むチャンスだと思わないといけない。「魂、直感、自分の好きなことを磨く」が人生の大前提にあると、仕事がなくて、先が見えない時でも必ずそこから仕事につながる道を開いていけると思っています。

自分がやりたいことに全てを賭けて、他の可能性を全て捨てる瞬間。そのためだけに突進する瞬間。その思い切りや、潔さが、人生最高の達成感なのです。

「とにかくやってみよう、ダメ元でもやってみよう」。起業するにも、アーティストになるにも、海外に移住するのも、転職するのも、全て勢いがいると思うのです。みんな多少なりとも、崖っぷちからハンググライダーで飛び降りるような気分を味わうはずです。この解放感を、一生に一回くらいは味わってもらいたいです。

私が最初に渡米した時、何のアテもないニューヨークに向かう飛行機が離陸した時の、「やったー!」という気持ちは最高でした。全く何を期待していいのかもわからない、未知への出発。「何もないけど、何も怖くない」という感覚に、その後の人生も支えられています。

突然失業したり、自分で稼がないといけなくなったり、そんな成り行きで新しい仕事を始めるしかなくなったとしても、あれこれ選んでいられなくなるとか、とにかく何かやるしかなくなる時は、人生の流れが自分の背中を押してくれているのです。

全てを可能性に賭けることで、人生で最高の達成感とか、生きている手応えを感じられるのです。

「自分はこういう生き方しかできない」。そう感じる時、それで損しているとは思うべきではないです。

今まで出会った成功者たちは皆、口を揃えて、他の人の言うことなんか気にしないとおっしゃいました。

若かりし頃のエイベックスの創設者の松浦さんは、「俺、きかん坊だからさ」と言っていましたし、私の著書に推薦文を下さった坂本龍一さんは、「僕は他の人にどう思われるかは気にしない」とおっしゃっていたし、オノ・ヨーコさんも同じように、「どうして人がどう思うかなんて気にするの?」とおっしゃいました。さすが。これは信念の声です。やはり影響力の強い人は違う。

自分の道を自分でつくった人は、自身の魂の声に沿って突き進んできたから、独自の道をつくって歩んでこられた。そのぶん大衆から批判されることはあっても、これは独自の道を突き進む上で生じる波動であり、人が誠意を持ち、正しいと思うことをしている時、批判さえもがその人の価値を高めていくのだと思います。

私はサイキック・カウンセラーとして、「その人が他の人にどう思われているか」を観るのも役目なのですが、そもそも、他の人にあれこれいわれても、それを遮断して、自分が信じる通りに進みながら自分を肯定しないと、他の誰も自分を肯定してくれないでしょう。

大人として成長するということは、「自分がいいと思ったものは、絶対いい」と確信できるようになることだと私は思うようになりました。

何が一番いいのか、何年もかけて、さんざん考えて生きていると、それが他の人にどう評価されようと、自分がいいと思うものを信じる心が揺らがなくなります。これも、人にとって最高の幸せだと思います。

私が出会った日本の前衛アーティストたち

私の著書のデビュー作に推薦文をくださったオノ・ヨーコさんは、安田財閥の出身で、お金に苦労したことがなさそうに見えますが、彼女でさえドン底を経験しているそうです。

彼女は大財閥家の出身ですが、昭和の日本女性という枠と、それにまつわる固定概念やマナーなどの全てから脱出しようとしたのだと察します。

そしてニューヨークで前衛アーティストとして活動をはじめますが、一緒に活動していた、最初の夫である同じく音楽家の一柳慧《いちやなぎとし》氏や、2番目の夫、アンソニー・コックス氏と一緒に活動していた頃も、お金に恵まれていたわけではないそうで、ウエイトレスをしていたこともあると何かで読んだ時は驚きました。

彼女の個展でビートルズのジョン・レノン氏との劇的な出会いがあり、そこからロケットを打ち上げるように、ジョンと一緒に飛躍したわけです。

まあ、彼女の苦労は、私のような一般人と違うのですが、自分の価値観を表現する、非商業的なアーティスト活動を個人でやるには、生活していけなくなることを怖がるような度胸のなさではやっていけないのは同じです。

ニューヨークで私の最初のルームメイトのピアニストの女性も、ヨーコさんと同じような育ちの、銀行の頭取のお嬢さんでした。

サウスストリート・シーポートのロフトに住み、昼間はニューヨーク大学のダンス科で伴奏をし、夜は日系のピアノ・バーで歌の伴奏をして生計を立てながら、彼女のメインの活動は、前衛ピアニスト、作曲家でした。それこそヨーコさんと同じく、ジョン・ケージやフランク・ザッパの全盛期に、ニューヨーク・フィルのパーカッショニストの夫と一緒に音楽活動をしていました。

彼女が演奏していたあるピアノ・バーには80年代のダンス・ミュージック界でポップの女王となったアーティストたちが、下積み時代にバイトをしていて、そのお店は当時ニューヨークで唯一、ラーメンを出すお店だったので、そのラーメンを食べに、有名な指揮者の方も来店されていたそうです。

そこのママのド派手なファッションを、後に大スターになったアーティストたちが真似したのではないかという話もしてくれました。そのファッションは、その後も現代のアメリカのポップ・アーティストたちはもちろん、J－POPやK－POPアーティストたちにも受け継がれているのです。

ニューヨークでアーティストが生まれる環境とは、こうした厳しい現実という地盤がありながらも、アートが育っていく環境がある。それが魅力だと思います。

みんなどん底から上に上がるしかない。そうやって自分を追い詰めないと生まれない驚異的な力というのが、確かにあります。普通に生活はしていけても、自分のアイデンティティーやライフスタイルに納得がいかないなら、「このままで人生終わらせたくない！」とその焦りをうまくバネにして、自分をとことん追求し、自分を表現することに取り組むことをおすすめします。

売れたタレントと、売れなかった子の違い

タレントさんで売れる子たちは、やはり小さい頃から、強烈に光るものがあります。

私の息子たちが、２歳の頃からずっとオーディションやお稽古で交流がある子役たちの中には、演技や踊りや歌がうまい子はいくらでもいます。でもその中でも人の目を惹きつける何か特別なものを持っている子に、早々と役がついてスターになっていくのです。

すでにエージェントがついている子役たちが参加するクラスの発表会で、ステージに上がるとバチバチと輝くエネルギーを放っている子は、絶対デビューするだろうなとハッキリわかります。タレント・エージェントも、もちろん才能はあって当たり前、それ以上に「ワオ！」と思わせる、人を惹きつける要素がある人と契約する、と話していました。

私が歌の指導をしたＪ－ＰＯＰのスターの人たちにも、同じようなことがいえると思います。まずそういうスターになる子は、「スターになる」ということに抵抗がありません。「スターになる」と信じていますし、舞台に出ているのが幸せなのです。そのエネルギーがそのまま放出されるのでしょう。

これまで会ったスターになる子たちの中で一番地味な印象だったのが、浜崎あゆみさんでした。

タイムズ・スクエアにあるホテルのロビーで最初に会った時、マネージャーさんの後ろに隠れてしまうくらい小さくて、ヒョコッと「よろしくお願いします」と出てきた印象が、真っ黒い髪に、白黒のストライプのごく普通のシャツ、芸能人には見えない感じで、「うわー、地味」と思ったものです。

ニューヨークにレッスンにきてくれるアーティストたちは、レコード会社も事務所も力を入れている、期待のかかった子たちです。浜崎あゆみさんも、スターになるしかないという、後に退けない状況にあったでしょうし、プロデューサーの松浦さんも会社の生命を賭けて彼女を大スターにしたわけで、これはTVドラマ『M 愛すべき人がいて』のストーリーそのままなわけですが、そういうプレッシャーがあったり、ドラマの通り、まわりから「売れない」といわれていた負担ものしかかっていたのかもしれません。

でも松浦さんと「覚悟」が一致し、結果を出していったのでしょう。彼女のヒット曲を歌うのに必要だった、力強く鳴り響くような高音をつくっていくのが私の役目でした。

スターになるのは、「何が何でもスターになりたい、後には戻れない」といった覚悟が必要なのは確かだと思います。

そういえば松浦さんも、最初にお会いした時は、エイベックスの創業者たちの中で一番目立たない存在でした。オーディションのために東京の町田市の本社にうかがったのですが、その時に駅にお迎えにきてくださったバンを運転していたのが松浦さんです。


安室奈美恵さんの第一印象は、明らかにスターになるイメージでした。とはいえ私が最初に会った時には、『TRY ME』で売れていたので、すでにスターだったのです。事務所の社長さんが、「こんなスタイルの子、なかなかいないよ」と、おっしゃっていた通りなんだと思います。ずーっと見ていても飽きない、可愛らしくて小さなお顔に細くて長い手足。そして絶対スターになりたいという信念。

新人がデビューする時は、仮想の羽で空に飛び立つようなイメージで、慎重にしないと突風に吹き飛ばされてしまったり、風が吹かなくなって、風に乗れなかったり、何があるかわからない感じがあります。デビューする環境に恵まれすぎて、「自分はきっと売れるだろう」と過信した人が、そこから伸びなくなってしまうのも見てきました。

一歩一歩、薄い氷の上を歩くような感じもあり、そして上に行けばいくほど、まわりに仲間が少なくなり、孤独と向き合うことになる。一概に成功したいとか、スターになりたいと言っても、実はトップに立つというのは、責任を自分一人で背負わなければいけなくなるような、孤独な立場に追い詰められてしまうということでもあるので、本当に向き不向きがあると思います。

正直で謙虚でないと何事も上達しない

私は「魂、直感、歌」これらを磨いている時が、自分自身一番幸せだとわかっていたので、この3つだけを追っていたら、今の人生の地盤ができ上がっていました。これは私にとっては正しい方法でした。

とはいえこれも、「自分の好きなことが何か」をわかっていないといけないのです。意外とこれがわからない人が多い。またはわかるようになるまで時間がかかる。

私は商業的な成功とは関係なく、まずはアメリカ人に感動してもらえる歌を歌えるようになりたかったのです。

アメリカ人は歌が大好きで、歌が超上手い人が多い。ブロードウェイのオーディションで役者たちの歌を聴いたら、皆揃って強力なシンガーばかりで、全員受かってもおかしくないレベルです。

信仰も、政治も、教育も、歌を通してメッセージを伝え、楽しい時も、辛い時も、音楽で精神力を支えて乗り越える文化が浸透しているので、魂に通じる歌を純粋に求めている人が多く、歌に期待されるレベルがとても高いのです。

オーディエンスは嘘をつかないし、本当に感動してくれたら、その感動をストレートに返してくれます。それは私にとって自分の歌の成長を測るモノサシです。私にとっては、日本で歌手として売れたかどうかでは測れない価値があるのです。

歌好きの集まるオンライン・コミュニティーに参加すると、歌オタクたちが求めるレベルの高さに感動します。それと同時に、志高く頑張っている人を惜しみなく応援してくれる魂の同志たちから、インスピレーションをもらえます。

何でもそうですが、一つの道で技術を磨いていくにあたって、本当に正直で謙虚でなければ上達しないのです。それが人生の基盤にあると、万事において、正直に謙虚に取り組めると思うのです。

だから商業的な結果だけで価値判断しないで、そのプロセスの良し悪しや、学ぶ過程の全てを評価することができると、人生に起こる全ての物事に対して、前向きな意味を見出せるようになるのです。これができるのと、できないのとでは、生きる姿勢や生きている手応えに大きな違いが出てきます。

他の可能性を全部捨てて、自分の好きなことに賭ける生き方に徹底することが、自分の道をつくる最初の第一歩だと思います。どの世界で成功している人も、みんなそうです。

「ソファでゆったり過ごす生活がしたいなら、ニューヨークは無理だね」といわれるのも本当で、自分が夢中になれることが見つかったら、迷いなく、他の可能性を全部捨てて、心地良い生活も捨てて、自分の夢にかける。そこまで自分を突っ込めるかが、最初の試練だと思います。

夢中になれるもの、好きになれるものがない場合、それを見つけるのが最初の第一歩です。それが自分らしく生きる軸になります。

自分のカテゴリーや枠をつくる

私は、団塊の世代が頑張ってつくり上げた、高度成長期時代の日本に育ちました。

ある日、通学の満員電車の中で、若い新入社員っぽい男性たちが上司に、お説教されているのを見た時に、自分の未来はそこにはないと思ってしまいました。

彼ら3人（上司1人と部下2人）は、電車に揺られながら、「自分がどうしたいかじゃなくて、自分がどうやったら使ってもらいやすいかだ」と上司らしい男性に力説されていたのです。受験戦争を生き抜いて、社会人になりたての若い人たちが、そうやって企業の兵士になっていく。

こういう瞬間に人は、自分の好きなことは後回しにする覚悟をするのでしょう。企業で働いて安定した未来を手に入れるということは、会社のために全てを捧げることを期待される覚悟あってのことなのでしょう。

どうやったら排除されないかを考え抜く生き残りゲーム。とにかく失敗しないように、バカだと思われないように、嫌われないように、煙たがられないように、叩かれないように。うまく生き抜いていかなければいけない会社組織の中に、この私が属する場所を見つけなければいけないのかと思うと、ストレートに「無理」だと思いましたし、そこまで自分を捧げたい会社に出合えるのかどうかも、わかりませんでした。

広告代理店に憧れていた時期もありましたが、男性が権力を握る会社組織の中で、女性がどう評価されるのか不安でしたし、「使い捨てられる人生は嫌だな」とも思いました。そんなこともあって、日本を出る決意が固まったのです。

日本を出たからといって、自由や成功を保障されるわけではありません。生きていけるのかすらわかりませんでした。ただ日本の枠や自分を縛る全ての「しがらみ」から離れ、日本で生きていくために絶対に守らなければいけない、お作法や一般概念をいったん外して、自分が日本で何ができるかを考える前に、自分の可能性を見つめ直す時間が欲しかったのです。

結果として、他の全ての可能性を捨てて、「自分にしかできないことで勝負する」ことにしました。

特殊な能力であろうと思われるサイキックの能力で、人のお役に立てることを仕事にし、ここまで自分を導いてくれた音楽を魂の道標にすることにしたのです。ですから、自分が生きる枠をこんなふうにつくっていく人生もありだと自信を持っていえます。

サイキックを仕事にするのは、ある意味特殊かもしれませんが、自分の得意なことが仕事になっただけなので、他の仕事と同じだと思っています。

実際、世界各国からクライアントさんにご相談をいただいてみて実感するのは、みんな「自分の枠」をつくって生きていらっしゃる。海外において自分が生きる枠をつくる生き方を、誰にでもできることではないと考えるか、誰にでもできると考えるか。私は誰にでもできることだと考えます。

Googleマップを開いてください。

知らない土地に自分が行くというイメージをして、いきなりそこで暮らすことになったら、あなたは何をして生きていくでしょう？　これをいろんな国に当てはめてやってみてください。

海外の求人サイトを見て、そこに掲載されている仕事の中に、自分ができる仕事がどれだけあるでしょう？　自分で仕事をつくるとしたら、何ができるでしょう？

そうやって考えてみるだけでも、人生の枠が広がる感じがするでしょう。

素晴らしいアイデアほど反対する人も多い

エイベックスの松浦さんのユーチューブでの証言では、500億円を稼ぎ出したといわれる歌手、浜崎あゆみさんはデビュー前は「絶対売れないって、まわりからいわれた」のだそうです。

何か新しいことをやろうとする時に、まわりに理解されないどころか反対されたというのは、成功話にはつきものです。

内容もコンセプトも、どんなに素晴らしくても潰れるレストランや、成功する要素がいっぱいなのに失敗に終わるブロードウェイ・ショーがあるのは、内容が最高なのは当たり前で、何事も成功するのに必要な条件がたくさんあって、それが全て揃った上で、世間の流れとタイミングよく合わないといけないからですね。


私の夫が立ち上げに関わったミュージカル『RENT』（レント）も、最初は売れるか売れないかわからないと評価されていたのです。そして原作をつくり上げるのに7年の年月がかかった。

その後も原作者がオフ・ブロードウェイ公演プレビュー初日の前日に急逝するという思いもよらないことが。そうした大悲劇を乗り越え、永遠のヒット作になったわけですが、今でもあのショーを超える、コンテンポラリーのミュージカルは出てきていないと思います。

「絶対に売れないよ」といわれるものが「売れる」のも世の常です。ということは、他の人から「売れない」といわれても、自分がいいと信じるものをつくり続けることに意味があるわけです。

世界制覇しているBTSも、メンバーのJ－Hopeさんが「売れない」というものは、絶対に売れたのだそうです。

どういうわけか、反対する人が多いほど成功する例も多く、大きな影響を与えるものは、発生する波風も強くなるということらしいです。

では、自分はそのリスクを取れるのか、ですね。売れないかもしれないものをつくり上げる覚悟や根性がないといけないのですね。

蜜蠟《みつろう》をベースにした化粧品会社バーツ・ビーズのオーナーも、商品を50個開発して、1つ売れたら大成功と語っていました。失敗してもいいから自分がつくりたかったという魂的な根拠がないと、「売れなかった＝失敗」となってしまいます。そして失敗すると凹《へこ》みます。

だから、自分が信じるものをつくる喜びを味わえたことを成功として、その結果は副産物だと思ったほうがいいでしょう。それくらい自分でいいものだと信じられるものをまずは生み出せること、それ自体が幸せだと思えることが、大事な心構えだと思います。そして本当にいいものをつくり続けていれば、必ずそれに惚れ込んで買ってくれる人がいるはずです。海外でジュエリーや服など、自分の作品を売って成功している人たちは、「根強いファンたちは、どこからともなく見つけてくれて買ってくれる」といいます。本当にいいものは売れる。これに尽きますね。

考えるべきゴール設定

何かに失敗して、やり直そうとする時、もともとのゴール設定がズレていたのではないか、ということを考えないといけないと思います。

ゴールの設定を調整さえすれば、あきらめることなく、目指している方向にどこまでも進んでいけるのですから。

人生においてゴールは終着地ではありません。ゴールはその時々、更新していくべきで、ただの経過地点なだけで、時は流れ続け、人生もそれと同じく流れ続けていくのです。

希望の会社に入ったのに、希望の学校に入ったのに、夢に描いた結婚をしたのに、「違う！」と感じる時。それは、そこを進んでいくと、自分の求める未来につながらないと感じるからでしょう。

たとえば私は、エイベックスで歌手として採用されて、邦人初の企画盤で歌わせてもらいました。3枚のCDを出し、最初のCDが8000枚くらい売れたという報告がありましたが、大ヒットにはならず、その当時の売れ線アーティストになることもなく、ニューヨークに帰ってきました。自分の求める音楽を模索する人生の旅を仕切り直し、再出発するためにです。

これは結果としては、レコーディング・アーティストとして失敗したということになるのですが、実は私自身にとっては正しい選択だったと思います。チャンスに乗れて、できる限りを尽くしたけれど、レコード会社の方針と自分が目指していたものは全然違った。だからといって、自分が純粋に求める音楽のスタイルも模索中だったので、結局は自分に納得していなかったのです。

「スターになる」というのが目標の子たちは、スターになれなければ、もちろん契約が切られ、そのまま辞めてしまうことになります。それが悪いというわけではありません。自分の夢をとことん追って、できる限りを尽くしたという経験が残ります。これは貴重です。

私の目標はスターになることではなかったので、売れるために、スターになるためにルックスを変えるとか、そういうことも、不自然に感じていました。そこにしがみつくと、逆に自分が何に向かって生きているのか、わからなくなりそうでした。

最初のCDが出た時に、実家の近所の貸レコード屋さんに行ったら、レジのところに私のポスターが大々と掲げてあってビックリ！　そこまで宣伝してもらって、逆に恥ずかしい気がしたのは、自分の中での目標と、自分がつかんだチャンスに大きなズレがあって、自分がその適任者ではない気がしたからでしょう。そうしたギャップを埋めるために、レコード会社の方向性に合わせて、他のアーティストたちのように、自分をつくりこんで演出していくべきだったのかもしれませんが、最初からその限界を感じました。

芸能界、音楽界に関わるクリエーターたちは、自分のロマンスを追いかけている人たちです。「自分の好きな女の子をスターにして、自分も成功する」という夢が根底にあって、がむしゃらに突っ走っている人たちがひしめき合っている場所です。

私は、わざわざニューヨークに移住し、毎日ライブハウスをハシゴして、ルックスなど関係ない本物の歌手の歌を聴き、才能溢れる音楽家やアーティストたちの活動に毎日浸っていたので、ここでまた、日本のルックス優先のアイドル商法ベースの音楽界に入っていくのは無理だし、自分にとっては、やってはいけないことだと判断しました。

「ここじゃないな」と、魂的にブレーキがかかったのです。自分が上がるべきでないステージに上がってしまった、という感じです。

でも、そこを降りたことによって、新しいチャンスを得ました。

自分がやりたいと思っていたこと、自分が夢だと思っていたことが叶ったのに、「これじゃない」と思う時、それは魂の声です。

そんな状況の中で人は、「望んだ全ての条件が揃っているのに、なぜ自分はそう思うのだろう?」と混乱するかもしれませんが、本質的に自分のゴールと違う何かがそこにあるということなのでしょう。

その後エイベックスが輩出していった大スターたちを見ても、その判断は正しかったと思います。この失敗は、私にとっての私的な成功につながっていったのです。

「人生滑り止め」の方法を考える

今人気のユーチューバー経営コンサルタントや評論家で、ダメなら死ねばいいみたいな発言をしている人がいてビックリしたのですが、何かやってみてダメだったら、次の取り組みに移るしかないと思います。そしてダメでも死ななくていいのです。

死ぬ気で夢中になっている時に発揮できる力は、大きな運を生むはずです。人生を怖がってはいけないのだと思います。

私はがんを経験してから、「いつ死ぬかわからないんだから、思いっきり好きなことやらなきゃ損だ」と思うようになりました。

結局そうなんです。お金を儲けても、あっという間に消えていく。命はあっても、いつかはなくなる。

人生には失敗はなくて、ゴールを定め直したら、そこから新しいチャンスをつかむ運が生まれるのは確かです。人生に滑り止めはいくらでもある。失敗は新しいチャンスです。

起業したばかりの社長たちが、「ダメだったら皿洗い」といって頑張れるのも、たとえ失敗して全部失っても生きていけるから大丈夫という、滑り止めの発想を命綱にしているからでしょう。

アメリカで不況知らずの職業といえば、「ウエイター、ウエイトレス、皿洗い」とされています。これまで何回も金融危機の時代がやってきましたが、低賃金だったとしても、絶対にニーズが途絶えない仕事があるのです。

何かバイトをやって人生を仕切り直すとか、何か商売を始めるなど、「人生の滑り止めの商売」を考えてみるだけでも、何でもできそうな気がしませんか？

そして、それを失敗だとか、惨めだとか思ってはイケナイのです。リセット中、次の勝負への準備期間、ありがたく働くチャンス、と考えるべきです。

私のお友だちで有名人のアルバム・カバーなどを撮っている写真家の女性は、「自分が撮りたい写真だけ撮る！」ということに徹底しています。お金になっても自分が撮りたくない仕事は全くせず、お金が必要な時は写真と関係ないバイトをする主義で、それがやはり彼女の作品の純度に表われています。

彼女は複数の病気で13回も手術をし、闘病生活をしながらも世界中を飛び回って、自分が撮りたい音楽関係の写真をとことん撮り続けています。妥協しないその姿が最高にカッコいいです。

昔、ユニオンスクエアで、野菜の皮むき器、ピーラーを実演販売して大金持ちになった有名なおじさんがいましたが、お金を稼ぐこと自体は、何かやりさえすれば可能なのです。

だからまずは「何でもやる」と思えたら、人生の滑り止めができているということです。

「私はこれがダメだから」といっていると、新しいことは始められません。苦手なことても仕事だったら頑張ってできるようになるのです。お金をもらっているんだから、なんとかする。本当に好きで選んだ仕事でさえ、苦手なことや嫌なことは、いっぱいついてきますから。

「あれもできるかも？　これもできるかも？」。そんなふうに色々考えるだけで楽しめます。

私は、低糖パンがうまく焼けた時や、可愛い編みぐるみができたり、お気に入りのデザインのビーニー帽がつくれた時に、「これ売ろうかな？」なんて思います。赤ちゃんが好きなのでベビーシッターや、デイケアをするとか、またオープンマイク・バーをするとか、色々考えながら、執筆やリーディング、音楽の仕事を続けてきました。

本業で煮詰まらないためにも、副業の可能性を考えるだけで、ちょっとした安心感も得られます。そしてこれらの副業も、自分が好きなことだから楽しめるはずです。

ユーチューブ、占い、宗教、サイキックなどを参考にするにあたって

「人生、結局は運だよね」と話すことがあるでしょうか。

運があるかないかで、成功できるか、できないかが決まるというのは確かです。

そして、運は肉眼で観えるものではないので、占い師、宗教家、サイキック・カウンセラーや運をつかむ方法を解説しているユーチューバーなどに助言をもらいたくなるのも、わかります。

私のサイキック・リーディングでも、運気の流れを観ることはできます。でも、運は所有できません。みんな運に乗っかっている感じだと思います。

お金の運で成功した人は、お金がある限り、いろんな難をお金で解決することができるので、いかにも良い運に乗っていて、悪い運には見舞われないように見えるかもしれませんが、そんなことはないと思います。

私なら、「私があなたの運を良くしてあげますよ」なんていう人は避けます。人の運を上げたり下げたり、悪い運を払い除けたりできる人はいないと思います。お天気を操るようなものです。たとえば「雨乞い」のように、昔は雨を降らせる儀式のために人間まで生贄にしていたことがあったそうですが、そんなのは間違った考えで、その雨乞いに似たような発想は、私は信じません。

確かに、お祈りや念じることによって、エネルギーを人に注入することはできると思います。霊気ヒーリングなど、人から人へのエネルギーの伝達は、常に自然に起こっているのです。

人の愛やポジティブ・エネルギーが人を癒し、活力を与え、奇跡を起こすのは確かですし、ネガティブなエネルギーが人や社会を破壊するのも確かです。

ですから、お祈りの効果は絶大だと思うのですが、基本的に自分でちゃんと祈ることが大事だと思います。

誰かに祈ってもらわないといけない、とは考えないほうがいい。どんなにお祈りしてもらっても、自分がそれを受け入れる態勢が整っていないと、せっかくのお祈りを無駄にしてしまうでしょう。

「私のおかげであなたは強運になる」なんていう人を、私は信じません。霊感商法も信じません。霊感はあなた自身にあるのです。

バカ高い起業セミナーや投資セミナーにお金を払う前に、自分で起業して、自分で投資をして、自分で学んだほうがいいと私は考えます。

目的もなく大学に行くなら、そのお金で起業したほうがいいと子供に提案する親御さんがいますが、その気持ちわかります。

ただその際も、お金持ちになるために起業するのではなくて、自分が起業したことで、世の中のために なりたいとか、自分が好きなことで起業するとか、お金を稼ぐ以上の目的と、魂的な志があることが大事だと思います。

お金で買えない価値、無形の価値を見極められる人でいましょう

世の中に、お金があれば手に入るものはいくらでもあります。しかし、魂に刻み込まれるような感動や、真の幸せ、魂的な幸せなど最高に価値あるものは、お金では買えないというのが、本当のところです。

「お金持ちであること」を誇示している人は、感動や共感を人に与えているのではなく、お金のパワーを見せつけているわけです。札束を見せつけているようなものです。それをチヤホヤするのは滑稽です。そういうものに異議を発信する人が増えることが、この世の中の変なものを浄化していくのです。お金あるよーって見せるのではなく、本当に価値のあることをやって見せてほしい。

ですから、お金持ちだと誇示する人に振り回されるのはやめて、本当に人の役に立ちたい人、本当にいいものを生み出したい人、本当の幸せを共有したいと頑張ってくれる人だけを応援することが大事だと思います。

本当に美味しいもの、本当にいい演奏、本当にいいサービス、本当にいい商品。真心のこもった、正当な世の中で暮らしたければ、それを守るための、無形の価値のクオリティー・コントロールは、私たち一人ひとりの責任だと思います。

「メディアに流れてくるのは、くだらないものばかり。世の中どうなっていくのかな?」と心配するなら、それに反発する、いいクオリティーのストーリーを発していくことが、私たちにできることだと思います。

フォロワーが増えるとか、マネタイズできるかではなくて、今の世の中のクオリティーを守っていくために、みんなが「本当にいいもの」を求めて発信できたらいいのではないかと思います。

夢を追い続けましょう

ちょっと元気が出ない時に、いつも私にパワーをくれる言葉は、「夢は追い続けないと、後悔に変わる」です。

「Dream Harder.」（もっとハードに夢をみる）

商業的なお金儲けとは関係ない自分の夢を追い続ける人生の旅は、今でも続いています。

挫折しそうになった時も、もっと大きな夢を見なきゃと思えば、イチから頑張るぞーって思えるのです。

目標が高いほど、夢が大きいほど、それを実現するのに時間がかかるかもしれません。でも一生実現しないような夢でも、それをイメージしながら頑張れるのが楽しいのです。

こうして、誰でも、どこからでも、かなり自由にコンテンツを発信できる時代になって、いろんな分野で年齢や性別が関係なくなり、いろんな枠が取り払われていく中、これからはもっと自由に夢を追えるようになっていくと思います。

「こんなことが可能になるなんて！」と思える体験は、自分の人生の意味を深めてくれます。

皆さんも、しっかり夢を見て、夢を追い、日々の生活の一コマ一コマに感動を見つけて、毎日、丁寧に幸せを味わってください。何でも可能にできそうな気分になってください。

チャンスがあればニューヨークに来て、いろんな意味で一般的な概念の枠を超える人たちに遭遇し、「すげー!」とビックリしてください。

上には上が、下には下があって、その全ての層が共存しているニューヨークで、自分のこだわりに自信を持って生きている人たちからエネルギーをもらいにきてください。

いつも夢がいっぱいのハッピーな自分でいてくださいね。

いつからでも輝ける

アメリカの芸能界は、想像を絶する苦境を乗り越えた人や、普通では考えられない方法で奇跡的な偉業を果たした人が評価される傾向が強いです。やはりそれだけ希望を与えてくれるからでしょう。

２０２３年のアカデミー賞やオスカー賞を総なめした映画、「エブエブ」こと、『Everything Everywhere All At Once』（エブリシング・エブリウェア・オール・アット・ワンス）は、低予算で38日という超短期間に収録して、最大級の大成功を収めました。

スタッフは編集技術をオンラインで学んだそうで、撮影も、私も持っているポケット型のカメラで撮ったものもあるとのこと。

主役のミシェル・ヨーが、「君の絶頂期は過ぎたなんて誰にもいわせちゃダメ」とスピーチし、さらに20年間俳優から遠のいていた、『インディ・ジョーンズ』の元子役、キー・ホイ・クァンが「あきらめちゃダメ！」と力説したことも感動を呼び、奇跡が奇跡を呼んだような作品となりました。

世間にはデタラメな年齢制限があります。35歳女性の結婚適齢期上限。40歳女性の出産可能年齢上限。35歳転職適齢期上限。60〜65歳定年リタイア突入期。こんなのはデタラメです。35歳過ぎても結婚できますし、50歳でも出産できます。実娘のために60代で代理母になって出産した人もいます。

35歳過ぎても、転職や起業は可能ですし、65歳でリタイアできる人のほうが少ないでしょう。なのに、これらの数字に意欲を奪われてしまっている人が多いのです。私は子供がだいぶ大きくなったので、出産してから「おあずけ」にしていたことに、再度取り組み始めました。すると、20代、30代の頃とは違う視点や発想が生まれていて、自分の「成長」に気がつきました。

人生を経験してきたからこそ、理解できることが幅広くなり、話せること、伝えたいことは増えていくのです。衰えたのは、体力と記憶力だけ。人はいくつになっても輝ける。いくつになっても、最高のメッセージを伝えることができる。

人は見よう見真似で生きています。才能がなくてもカッコばかりで人気の芸能人やユーチューバーは「自分は特に才能はないけど、あんなふうにカッコよくしてたい」と思う人のお手本になっているから人気なのでしょう。

貧困をさらけ出すコンテンツで人気のユーチューバーも、それはそれで共感や元気を与えているから人気なのでしょう。

でも人に承認されるために輝くのではなくて、自分が輝くのを感じるために、頑張ってください。

「これができて幸せ！」という自分でいることが、輝けるということです。

まわりの人に、自分が最高だと思う感動を伝える。この取り組みは、生きている限り続けられます。

おわりに

目まぐるしく変化していく今の世界で一番大切なのは「自分らしく」生きること

未来は想定外が当たり前。先のことを予想して、将来が安泰そうな道を選んでも、その道は途切れてしまうかもしれない。もう道はなくて、飛石をピョンピョン跳んでいくような生き方が必要なのかもしれない——。

だから、「今に合った生き方をする」ことが、次の足場を見つけるために必要で、そして、その「今」というのも常に変遷していて、そのうちなんとかするではなくて、今なんとかしないと、「そのうち」はやってこないかもしれない。

今必要とされることを、すぐにやらないと、そのうちやろうと思っていたことは、やる必要がなくなってしまうかもしれない。

そのうち取ろうと思っていた資格やスキルが、あっという間に通用しなくなるかもしれない……。

長年サイキック・リーディングをやってきて、ここのところ、未来の観え方が変わってきているのを感じます。

昔は、10年先のことをザーッと観ると、その人のリズムの土台があるのが観えていました。もちろん、10年も経つと色々変わるので、石に刻むように未来の計画をすることは無理でも、その人なりに10年計画ができるベースというのがありました。

でも今は違ってきています。これまでは、少なくとも2年くらいは物事が起こるタイミングを予想できたのが、今は半年、1年も経つと、外的状況が変わってくる可能性が観えてしまうのです。

そして、人は飽きっぽくなっている。毎日、掃いて捨てるほどの動画が視界に流れ込んでくるからでしょうか。

この原稿を書いている間に、SNSで注目され、話題になり、そしてすでに人気がなくなってしまった人たちがいる。

この目まぐるしい流行の周期の中で、それに乗って生きるか。

それともそれを横目に淡々と自分のペースで生きるか。

または、そういうものを全部置き去りにして、流行を遮断したところで生きるか。

トレンドを追いかけながら発信する人や、トレンドから離れた生き方を発信し、さらなるトレンドを生み出す人がいて、そういうものと全く関係なく生きる人がいる。

少なくとも、この3つぐらいに人の生き方が分かれているような感じがします。


食文化、音楽やアートに対して、魂のこもった「本物のクオリティー」を求めない人の層が増えている一方で、だからこそ魂で感じる感動を求める人も増えている。

どんなに不景気でも、インフレでも、美味しいものが食べたいという人の欲求は衰えを見せず、食を追求する動画が大人気ですし、自分らしい暮らしを発信する動画も注目を集めています。

ＡＩがどんなに発達しようと、人生の主人公は人間で、人間である私たちが幸せであることが一番大事なのは変わらないし、変わるべきではありません。

ＡＩが活用される場が増えるほど、これまで以上に人間らしく生きていくことが、私たちの課題なのだと思います。

人間にしかできないことを、きちんとやる。五感を使い、六感を使う。特に六感を活用できるのは人間をはじめとする生き物だけ。

ＡＩには魂がありません。魂が入っているか、入っていないか。その違いに敏感であってほしい。

自分らしく生きることは、人間としての自分の人生を守るために、一番大切なことなのだと思います。

私は作家デビューして20年、ずっと「魂本」を書き続けてきました。これからも「魂」の大切さや、「直感」の偉大さを発信し続けるために、ＡＩにできないことをやっていこうと思います。

よい本をつくるために日々奮闘される方々との出会いは大変尊いものです。

このたびの本づくりでご一緒させていただいた、作家エージェント、ランカクリエイティブパートナーズ株式会社の渡辺智也さん、そして三笠書房の皆さんをはじめとする関係者の皆様に、多大なるご支援をいただきましたことに、大変感謝いたします。

原田真裕美

Special thanks to my family, my husband Kenny, my two sons Michael-Akira and Julian-Kenji for your love, support and understanding. I am grateful to have you guys in my life.
I love you all. xoxo   Mayumi/Mom

Happiest Self
「好《す》きな自分《じぶん》で生《い》きる」
ニューヨーク流《りゅう》新《あたら》しい生《い》き方《かた》

著　者——原田真裕美（はらだ・まゆみ）
発行者——押鐘太陽
発行所——株式会社三笠書房
〒102-0072 東京都千代田区飯田橋3-3-1
電話：(03)5226-5734（営業部）
：(03)5226-5731（編集部）
https://www.mikasashobo.co.jp
印　刷——誠宏印刷
製　本——若林製本工場

編集責任者　本田裕子
ISBN978-4-8379-2947-5 C0030